SIVENS

UN BARRAGE CONTRE LA DÉMOCRATIE

Ben Lefetey

Préface de José Bové

SIVENS

UN BARRAGE CONTRE LA DÉMOCRATIE

{ LES Petits matins }

Remerciements

Je tiens à remercier tendrement ma compagne et mes enfants pour leur soutien renouvelé malgré mes nombreuses absences et la pression qu'entraîne cette lutte longue et conflictuelle. Ce livre raconte une aventure humaine collective. Il m'est cependant impossible de citer toutes les personnes qui ont participé de près ou de loin au travail du Collectif Testet. Sans l'implication courageuse et majoritairement non-violente de nombreux jeunes et moins jeunes sur le terrain, notamment sur la ZAD, le barrage de Sivens serait construit. J'espère que ce livre contribuera modestement à honorer l'engagement de Rémi Fraisse et à accompagner les changements de société qu'ambitionne sa génération.

Couverture : Thierry Oziel
Maquette : Stéphanie Lebassard

Les petits matins, 31, rue Faidherbe, 75011 Paris
www.lespetitsmatins.fr

ISBN : 978-2-36383-170-5
Diffusion Seuil
Distribution Volumen

PRÉFACE

Par José Bové

José Bové est vice-président de la commission Agriculture et Développement rural au Parlement européen.

En l'espace de quelques mois, Sivens est devenu un symbole, un lieu d'affrontement, un lieu où le drame a surgi avec la mort de Rémi Fraisse, un lieu qui résume l'incapacité de voir émerger une autre vision de notre rapport à la nature.

Quand je suis venu pour la première fois sur le terrain à la demande du Collectif Testet il y a plusieurs années, j'ai rencontré des femmes et des hommes attachés à leur territoire ; ils étaient soit membres d'associations, soit simples citoyens amoureux de leur vallée et de leur forêt. Rien ne les prédisposait à devenir des acteurs de premier plan d'une cause nationale. Ils et elles s'étaient regroupés pour s'opposer à un projet local concocté par des élus sûrs d'eux-mêmes et pour lesquels cette contestation semblait anecdotique, voire folklorique.

À ce premier rassemblement, très rapidement, s'est joint un autre réseau, pour lequel sans vigilance sur le terrain, sans occupation permanente, la défense de la zone humide serait vaine. Ils apportaient les pratiques expérimentées dans de nombreux lieux depuis des années, en Grande-Bretagne contre des destructions de forêts, en Roumanie contre les mines d'or, en Pologne contre le gaz de schiste, et bien sûr en France contre le grand stade à Grenoble et l'aéroport de Notre-Dame-des-Landes... On ne peut citer toutes ces occupations, mais elles ont redessiné la carte des oppositions à tous ces projets, grands ou petits, tous clairement imposés, inutiles et souvent dangereux.

Pour les tenants de l'ordre et de la légalité, ces pratiques sont insupportables, elles vont à l'encontre de la loi et de la démocratie. Je dirais plutôt qu'elles remettent en cause une certaine vision des lois et des fondements déterminant ces projets décriés. Un pouvoir politique quel qu'il soit, local, départemental, régional ou étatique, peut-il imposer sa volonté en s'appuyant sur sa seule légitimité électorale et le code de l'expropriation ? Si la réponse était affirmative, pourquoi autant de mobilisations à Sivens, à Notre-Dame-des-Landes, à Roybon (Isère), etc. ? À travers toutes ces « zones à défendre » – qu'on appelait « squats » auparavant –, se construit le débat entre légitimité et légalité, entre bien commun et intérêt public.

L'expérience acquise depuis plusieurs décennies a permis de comprendre la logique du rouleau compresseur et d'engager la mobilisation pour contrecarrer ce qui est toujours présenté comme indispensable, chiffré, créateur d'emplois et allant dans le sens du progrès.

Au temps de la Datar (Délégation interministérielle à l'aménagement du territoire et à l'attractivité régionale), les grands plans d'aménagement gaulliens devaient redéfinir le pays. Comment ne pas se souvenir, au début des années 1970, de celui prévoyant l'aménagement de la côte aquitaine, de l'embouchure de la Gironde à Bayonne ? Le littoral, les lacs, les villages devaient être remodelés pour favoriser le tourisme de masse et planifier l'accueil, comme sur le bord languedocien de la Méditerranée. S'opposer était considéré comme archaïque. Ne pas voir le boum économique pour le secteur du bâtiment et du tourisme était criminel. Pourtant, ce projet a été mis en échec par les habitants et les associations de Gironde et des Landes emmenés par Jacques Ellul et Bernard Charbonneau. Je me souviens encore des belles cartes présentées par les fonctionnaires zélés de l'État pour faire avaler la pilule. Aujourd'hui, ça prête à sourire, mais il faut savoir que Notre-Dame-des-Landes a été initié dans les mêmes années, avec le même délire bétonneur ne tenant compte ni des habitants ni des réalités écologiques, hydrologiques ou des sols. L'État décide, donc ça doit se faire.

C'est quasiment à la même époque qu'un autre projet a vu le jour : l'extension du camp militaire du Larzac de 3000 à 17000 ha. Là aussi, c'était au nom de l'intérêt supérieur de la nation : permettre à l'armée de pouvoir manœuvrer grandeur nature. Que n'avons-nous pas entendu sur les paysans archaïques, une agriculture moyenâgeuse, le boum économique et les centaines d'emplois qui allaient être créés ! Dire non était une offense au pays et à ses soldats. Et puis il n'y a qu'une centaine de fermes concernées, on vous recasera ailleurs grâce à la Safer (Société d'aménagement foncier et d'établissement rural)... Toute la machine de propagande s'est mise en route avec, en parallèle, son arsenal juridique. Mais voilà, les paysans ne se sont pas laissé faire et, pendant dix ans, ont résisté à l'expropriation, à l'argent, aux menaces physiques (attentat contre la ferme de la Blaquière), aux tentatives de division, etc. Ils ont su inventer des formes d'action originales pour l'époque, en affirmant le principe de la non-violence dans la résistance.

De la désobéissance civique à l'occupation des fermes vendues par des spéculateurs, des blocages de manœuvres aux marches sur Paris, un mouvement national est né, s'imposant finalement dans le débat politique de l'élection présidentielle de 1981 entre Valéry Giscard d'Estaing et François Mitterrand. On peut dire aujourd'hui, trois décennies plus tard, que cette expérience a fondé le débat entre légitimité et légalité, et que Sivens, quoi qu'en disent certains élus socialistes locaux, est une continuité de cette réappropriation du débat démocratique sur les choix imposés.

On pourrait citer de nombreux exemples qui renforcent cette tension toujours plus forte entre la volonté technicienne de considérer le territoire comme un simple support et l'émergence d'une remise en cause pour des raisons non seulement locales mais aussi globales, intégrant les enjeux, entre autres, du bouleversement climatique et de la remise en cause du modèle productiviste. De l'imposition du nucléaire sans aucun débat sur l'énergie aux infrastructures autoroutières ou aux lignes à grande vitesse sans réflexion sur les modes de transport, la liste est longue. De même, tous les territoires sont confrontés à des projets d'artificialisation de terres agricoles pour bâtir des zones artisanales qui demeurent aux trois-quarts vides car ne répondant à aucune nécessité, si ce n'est de faire comme la commune voisine.

Deux éléments cristallisent la contestation des grands projets : d'une part, l'expertise qui les justifie ; d'autre part, la procédure d'expropriation qui permet de les réaliser.

Dans le cas de Sivens, l'expertise est au cœur du dysfonctionnement de la prise de décision. Elle a été confiée à une officine, la CACG (Compagnie d'aménagement des coteaux de Gascogne), qui est à la fois responsable de déterminer les supposés besoins et de construire les édifices. Son conseil d'administration est composé pour partie d'élus qui valident les projets et les votent dans leurs assemblées. Rien qu'à l'énoncé de ce montage, on comprend bien que toute contestation va se heurter dès le départ à des intérêts consanguins où ceux qui proposent et ceux qui mettent en œuvre sont complices. Si l'on veut y regarder de plus près encore, on verra que Sivens fait partie d'un projet plus vaste de barrages dans tout le Sud-Ouest pour développer l'agriculture productiviste, notamment celle du maïs. On a bien affaire à un plan de lobby, jamais débattu globalement, mais qui avance département par département et où chaque mobilisation locale est considérée séparément comme une entrave au maintien de l'agriculture. Pour s'opposer, il ne faut pas seulement contester la réalité physique des sols (zone humide), l'impact sur les faunes et la flore qui rend le projet néfaste, il faut remettre en cause la finalité globale de l'agriculture industrielle, en contradiction complète avec l'évolution climatique mais aussi plus simplement avec l'agronomie et l'avenir des paysans.

Le second élément, la procédure d'expropriation avec ses différentes phases, de la déclaration d'utilité publique à l'expulsion en passant par les arrêtés de cessibilité, est un véritable parcours du combattant. Révisée en 1983 après le Larzac, puis retouchée à plusieurs reprises, elle n'a jamais été fondamentalement remise à plat. Les exemples sont nombreux où la première phase de l'enquête d'utilité publique est un déni de démocratie, où tous les avis ne sont pas traités de la même manière et où le projet est validé dans la plus grande opacité par des experts fortement sujets à caution.

Je voudrais enfin attirer l'attention sur une réalité qui fonde, à mon sens, le doute sur la finalité des procédures et légitime l'action des opposants : « Ouvrage public mal planté ne se détruit pas », tel est l'adage du droit administratif. Si demain un jugement devant le tribunal administratif ou l'Union européenne déclarait le barrage de Sivens illégal alors qu'il a été construit, il ne serait pas démoli. Fantasme d'opposants ? Pas du tout : réalité. Fourogue, à quelques kilomètres du Testet, le démontre malheureusement.

Alors quand, dans un même élan, les élus locaux, la FNSEA (Fédération nationale des syndicats d'exploitants agricoles) et le ministre de l'Intérieur disent que les occupants du site doivent partir pour que le dialogue puisse s'ouvrir, ils savent très bien que c'est l'occupation qui empêche physiquement l'irréversible. Tant que le droit ne rétablit pas l'équité, pourquoi devrions-nous nous y soumettre ?

Les occupants de Sivens, Notre-Dame-des-Landes, Boyron et bien d'autres sites sont légitimes à bloquer les chantiers, car, sans eux, l'abus de pouvoir serait absolu. C'est leur présence courageuse et désintéressée qui enraye les saccages et la destruction de territoires.

CHAPITRE 1
UN FLAGRANT CONFLIT D'INTÉRÊTS

Le 26 octobre 2014, Rémi Fraisse trouve la mort sur le chantier du barrage de Sivens. Ce militant écologiste de 21 ans, membre du groupe botanique de l'association Nature Midi-Pyrénées, est tué sur le coup par l'explosion d'une grenade offensive tirée en pleine nuit par des gendarmes anti-émeutiers envoyés par l'État français pour défendre un grillage. Cela faisait deux mois que les forces de l'ordre protégeaient ce chantier mené par la Compagnie d'aménagement des coteaux de Gascogne (CACG). Le «drame» s'est produit à quelques mètres de l'endroit où est prévue l'édification de ce qui aurait pu devenir la digue du barrage, un ouvrage de presque 13 m de hauteur à sa crête, 315 m de longueur et 5 m de largeur.

Ce projet de barrage se situe dans la partie nord-ouest du Tarn, sur la commune de Lisle-sur-Tarn. Son édification et le creusement de son bassin de retenue (34 ha, 4,4 m de profondeur en moyenne) sont prévus dans la partie sauvage et préservée de la rivière Tescou. Terminé et mis en service, il ennoierait la zone humide du Testet, considérée comme faisant partie des zones humides majeures du département du point de vue de la biodiversité. Cette zone humide abrite au moins 94 espèces animales protégées et 353 espèces de plantes vasculaires.

Il existe déjà sur le bassin versant 185 retenues collinaires stockant 5,1 millions de m^3 (Mm^3) et interceptant un tiers des cours d'eau rejoignant le Tescou. Le soutien au débit d'étiage (30 % du volume) du Tescou est l'objectif «d'intérêt général» mis en avant par les promoteurs institutionnels du barrage : le conseil général du Tarn, celui de Tarn-et-Garonne et l'Agence de l'eau Adour-Garonne. Les 70 % restants sont destinés à l'irrigation de 309 ha. Or, sur le parcours du Tescou concerné par le barrage, il n'y a aujourd'hui qu'une vingtaine d'irrigants. Comment peut-on parler d'intérêt général ?

Ce projet date d'environ quarante ans. Il est porté par le conseil général du Tarn, maître d'ouvrage, et son maître d'ouvrage délégué, la CACG. On ne peut réellement comprendre «l'affaire de Sivens» sans décrypter d'abord le rôle de la CACG, son histoire, ses pratiques malhonnêtes, ses relais politiques. Au sein du Collectif pour la sauvegarde de la zone humide du Testet, opposant historique au projet de barrage, la CACG est renommée la «Compagnie appauvrissant le conseil général». Son attitude prédatrice des ressources naturelles et de l'argent public a été dénoncée par nombre d'associations écologistes dans le Sud-Ouest. Bénéficiant de nombreux appuis politiques, la CACG a réussi à imposer la plupart de ses projets de barrage avant qu'ils ne soient condamnés par la justice. Le problème est que ces condamnations sont intervenues après la construction desdits barrages, donc trop tard.

Le «système Neste»

À la fin des années 1950, l'État crée des sociétés d'aménagement régional dans le but de dynamiser l'économie des régions. C'est ainsi que la CACG naît en 1959, avec pour mission de soutenir l'agriculture en Gascogne à travers l'irrigation. En 1960, l'État lui confie la gestion du canal d'irrigation de la Neste, mis en service en 1863 et qui détourne l'eau des Pyrénées vers dix-sept rivières des coteaux de Gascogne. La CACG développe alors une offre de barrages-réservoirs et de canalisations d'irrigation à grande échelle sur fonds publics. La demande ne vient pas des agriculteurs – l'irrigation est rare dans cette région à l'époque –, elle découle d'une planification étatique. Selon Sara Fernandez, qui a exploré dans une thèse le rôle de la CACG dans la gestion de l'eau de la Garonne, « la gestion de l'offre pratiquée par la CACG a contribué à réaliser la demande d'irrigation et plus largement à transformer les systèmes de productions agricoles[1] ». Une politique qui conduit à un modèle de monoculture sur ce territoire, le maïs essentiellement, avec tous les effets négatifs que l'on connaît désormais (appauvrissement des sols, pollution des eaux, surconsommation de l'eau disponible, maladies liées aux produits phytosanitaires, etc.).

Avec la baisse des subventions étatiques au début des années 1970, la CACG s'est retrouvée en crise financière puisque la demande agricole en eau, et donc la facturation, était encore faible. Elle a donc augmenté le prix de l'eau consommée par les irrigants, mettant progressivement en place une grille tarifaire complexe. Ce qui est devenu le « système Neste » a d'ailleurs été l'un des rares cas où, jusqu'en 2008, les irrigants payaient pour prélever de l'eau en rivière. Mais face au recul du soutien financier de l'État, la CACG a surtout réussi à obtenir plus de subventions

1. Sara Fernandez, *Si la Garonne avait voulu… Étude de l'étiologie déployée dans la gestion de l'eau de la Garonne, en explorant l'herméneutique sociale qui a déterminé sa construction,* thèse de doctorat en sciences de l'eau, Paris, UMR G-Eau, AgroParisTech, 2009, p. 267.

des collectivités territoriales, de l'Agence de l'eau et de l'Union européenne. C'est ainsi qu'elle a commencé à sortir de son territoire d'origine, la Gascogne, pour étendre progressivement ses actions à l'ensemble du Sud-Ouest, parfois par rachat, comme en 2001 avec la Compagnie d'aménagement rural d'Aquitaine.

Les débuts difficiles de la CACG dans le Tarn

L'intérêt manifesté par la CACG à la réalisation d'un barrage sur le site de Sivens remonte, semble-t-il, aux années 1980. Selon Lucien Lacoste, paysan retraité habitant encore au pied de la forêt de Sivens, la CACG est venue dès 1983 solliciter l'autorisation de pénétrer sur les terres agricoles afin d'y réaliser des études géologiques. Après s'être déjà opposés, en 1969, à la réalisation d'un lac de loisirs inclus dans un complexe touristique de 2500 ha (avec hippodrome et héliport !), les paysans ont réaffirmé leur refus que la vallée du Testet et leurs terres agricoles ne disparaissent sous les eaux. Cette opposition locale n'a pas empêché la CACG de se faire financer dans le but de réaliser, en 1989, une « étude technique de faisabilité d'un ouvrage de réalimentation de la rivière Tescou », destinée au « développement local des prélèvements (notamment pour les irrigations) ». La CACG s'est déclarée « maître d'ouvrage de cette opération, en accord avec le conseil général du Tarn ».

Toutefois, elle devra patienter jusqu'en 2001 pour obtenir l'autorisation d'entrer sur les terres et d'y mener les études nécessaires. Cela se fera à la faveur d'un héritage, un fils d'agriculteur acceptant ce que son père avait jusqu'alors refusé. Peut-être aussi sous la pression du maire de la commune, Lisle-sur-Tarn, lequel plaidait de futurs besoins en eau potable, ce qui ne s'est jamais vérifié depuis… Toujours est-il que la CACG peut enfin envisager sérieusement de réaliser un barrage sur le site de Sivens. À la condition, bien sûr, que des financements publics soient obtenus, car les études géologiques montrent que les travaux seront chers. Non seulement les terrains sont perméables – ce qui implique de réaliser une paroi d'étanchéité de 6 à 10 m de profondeur –, mais les matériaux disponibles sur place pour réaliser la digue sont en faible quantité.

Heureux hasard, cette même année 2001, la CACG se voit confier la réalisation d'une étude complète sur le « confortement de la ressource en eau sur le bassin du Tescou ». C'est le conseil général de Tarn-et-Garonne qui en est le commanditaire auprès d'une CACG intervenant là comme bureau d'études totalement objectif et désintéressé… Si le conseil général prend cette initiative, c'est parce que le Tescou prend sa source dans le département du Tarn, sur la commune de Castelnau-de-Montmiral, et se jette 45 km plus loin dans la rivière Tarn, au niveau de la ville de Montauban, préfecture du Tarn-et-Garonne, et, surtout, parce que c'est sur la partie tarn-et-garonnaise du Tescou que la demande en eau pour l'irrigation est forte. En effet, les agriculteurs y sont principalement des cultivateurs de céréales, parmi lesquelles le maïs, gourmand en eau mais fortement subventionné à l'époque par la politique agricole commune (environ 70 % de prime de plus que les céréales en sec), à la différence des agriculteurs côté tarnais, qui sont traditionnellement des éleveurs de vaches à lait et, de plus en plus, de vaches à viande.

Les grandes lignes de l'étude de l'eau du bassin du Tescou commandée au CACG sont les suivantes : « État des lieux, analyse des ressources superficielles et souterraines, besoins, bilans en termes de déficits selon différents scénarios de satisfaction, analyse de solutions possibles… » Pour s'assurer de pouvoir obtenir les financements publics nécessaires à la réalisation du barrage de Sivens qu'elle projette alors depuis près de vingt ans, la CACG doit démontrer que le projet est bien d'intérêt général et d'utilité publique. Pour cela, le barrage doit avoir une utilité pour la collectivité et pas seulement pour l'irrigation, laquelle bénéficie à des agriculteurs, donc à des intérêts privés. Ce n'est pas un problème pour la CACG : elle a déjà expérimenté ailleurs une astuce permettant de rendre subventionnable un projet dont la finalité est d'abord l'irrigation.

La salubrité des rivières, cache-sexe écologique de l'irrigation

C'est le projet de barrage de Charlas, porté par la CACG depuis les années 1970, qui a été l'objet du premier affichage écologique visant à obtenir des financements publics ayant pour but d'augmenter les ressources en eau pour l'irrigation. Énorme barrage de 110 Mm^3 faisant disparaître 625 ha de terres agricoles, ce projet a fait l'objet de vifs débats dans les années 1980-1990. Face à une pénurie de financements dédiés à l'irrigation, la CACG utilise comme prétexte les pollutions dans la Garonne au niveau de l'agglomération toulousaine pour justifier la nécessité de réaliser un barrage sur fonds publics. Elle est alors appuyée dans cette démarche par l'Agence de l'eau Adour-Garonne (AEAG), qui voit là l'opportunité de négocier avec les agriculteurs irrigants un renforcement de leur participation au système de redevance.

Ainsi la CACG plaide-t-elle la nécessité de diluer la pollution en azote et en ammoniaque de la Garonne pour justifier la réalisation de ce barrage. Elle fixe un « débit de salubrité » de 55 m^3/s à Portet-sur-Garonne comme nécessaire à la dilution des pollutions. Avec l'AEAG, elle définit alors un paramètre nouveau, le débit objectif d'étiage (DOE), qui sera ensuite étendu à tout le bassin Adour-Garonne, comme nous allons le voir plus loin à propos du barrage de Sivens. Selon Sara Fernandez, « la demande en salubrité devint le nouveau garant de l'intérêt public assigné au projet. C'est elle qui permettait de justifier son financement public, qui devenait de plus en plus dépendant de l'Agence de l'eau[2] ».

Mais cela ne suffit pas pour autant à la CACG pour gagner, les opposants au barrage de Charlas[3] (notamment l'Uminate, devenue France Nature Environnement Midi-Pyrénées en 2009) se saisissant de l'avis du conseil scientifique du Comité de bassin Adour-Garonne rédigé en avril 1996. Celui-ci considère que l'étude réalisée par la CACG « retient assez arbitrairement 50-55 m^3/s comme débit de salubrité de la Garonne à Toulouse. La valeur de ce choix n'est pas démontrée, ni au plan écologique ni au plan économique ». Plus loin, le conseil scientifique ajoute que « la supériorité de la solution Charlas par rapport à d'autres solutions n'est pas démontrée ».

Cet avis très critique n'empêche cependant pas le Comité de bassin de voter majoritairement en

2. *Ibid.*, p. 366.

3. Voir leurs arguments sur www.rivernet.org/garonne/charlasdossieropp.htm#2

faveur du projet. Peine perdue : celui-ci est repoussé aux calendes grecques, faute d'accord entre les différents porteurs publics du projet. La CACG n'aura pas tout perdu pour autant puisqu'elle a largement bénéficié des 1,8 million d'euros engloutis à l'époque dans les études…

L'expérience du projet de Charlas n'est pas inutile : elle sert à la CACG lorsqu'elle rédige son étude sur le bassin du Tescou en 2001. Elle s'appuie ainsi sur des pollutions hors-norme pour à la fois gonfler le déficit en eau (et donc justifier le recours à un barrage important sur le bassin) et obtenir des financements publics visant d'abord à soutenir l'irrigation. Les pollutions qu'elle constate découlent de dysfonctionnements des systèmes d'assainissement de petites communes (Salvagnac et Monclar-de-Quercy), mais surtout de la station d'épuration de la laiterie Sodiaal, à Montauban. Diluer les pollutions des systèmes d'assainissement n'oblige pas à remettre beaucoup d'eau dans la rivière, car ces pollutions sont faibles. La CACG considère qu'un débit de dilution de 50-60 l/s suffirait, ce qui ne peut justifier la réalisation d'un barrage. C'est donc la pollution importante de la seule industrie rejetant dans le Tescou (la Sodiaal) qu'elle va exploiter pour verdir le projet.

Rejeté en grande quantité, le phosphore tue toute vie aquatique à l'aval sur les deux derniers kilomètres du Tescou avant que celui-ci ne se jette dans le Tarn. La CACG estime alors qu'un débit de dilution de 360 l/s est nécessaire mais « disproportionné par rapport au débit naturel du Tescou, d'une part, aux possibilités concrètes de réalimentation, d'autre part ». Autrement dit, la CACG invoque opportunément cette pollution importante et hors-norme tout en reconnaissant qu'il n'y a pas de solution permettant de la diluer. Elle propose donc de fixer un débit de salubrité taillé sur mesure pour diluer, partiellement et avec une application repoussée à quelques années, la pollution émise par Sodiaal. Elle suggère ainsi un débit de salubrité de 150 l/s à Saint-Nauphary, une commune en amont de Montauban disposant sur son territoire d'une station de mesure des débits. Paradoxe: cette valeur est proposée par la CACG comme nouveau débit objectif d'étiage « ambitieux », alors qu'elle reconnaît elle-même que l'État a, lui, fixé une valeur de 100 l/s dans un arrêté-cadre interdépartemental de sécheresse, en 2000.

Pas de petits barrages pour les grands ingénieurs

150 l/s ou 100 l/s dans la rivière, est-ce si important, finalement ? Oui, car un DOE à 150 l/s au lieu de 100 l/s entraîne une augmentation du déficit global de près de 50 %: 1,87 Mm^3 au lieu de 1,27 Mm^3. C'est la CACG elle-même qui l'explique, avouant honnêtement que cette pollution pourrait être tout simplement diluée en détournant directement le rejet de la laiterie vers le Tarn à travers une canalisation de 2 km. Elle précise que cette alternative conduirait à une réduction du déficit global de 0,6 Mm^3. Mais elle conclut que les sites déjà étudiés permettent de stocker des gros volumes (donc pourquoi se priver? Autant faire des barrages et diluer ces pollutions hors-norme...). Réduire les pollutions à la source est certes mieux pour l'environnement et pour les dépenses publiques, mais cela ne rapporte rien à la CACG. Il n'y a donc nulle trace de cette solution dans le rapport de son bureau d'études. Cette justification du recours au financement public étant acquise, il faut tout de même que

la CACG s'assure d'un déficit suffisamment important pour justifier de faire un barrage d'au moins 1 Mm^3 à Sivens. Car les petits barrages ne l'intéressent pas. Trop simples à réaliser, ils ne justifient pas le recours à ses nombreux ingénieurs. Pour preuve, le barrage de Thérondel, mis en service en 2010 sur un affluent du Tescou. Il a été réalisé directement par une entreprise de BTP et est géré par le conseil général de Tarn-et-Garonne. Aucun intérêt pour la CACG, même si elle espère bien en obtenir, à terme, la gestion conjointe avec celui de Sivens.

Surestimation des besoins en eau

Pour gonfler le déficit, la CACG semble avoir délibérément exagéré les besoins agricoles. D'une part, en reconstituant elle-même le nombre de surfaces irriguées, en contradiction avec les données officielles : alors que les services de l'État lui communiquent des données montrant une diminution de 33 % des prélèvements en rivière de 1993 à 1998 – du fait du recours des irrigants à de nouvelles retenues collinaires –, elle maintient une stabilité des surfaces irriguées par la rivière durant cette période. D'autre part, en surestimant les besoins en eau à l'hectare en considérant que la culture dominante est le maïs, la plus gourmande durant l'été. Elle n'en fait cependant pas la démonstration puisqu'elle n'intègre pas l'amont du bassin dans ses analyses, alors que le maïs irrigué y est peu développé. Au bout du compte, la CACG estime le déficit en eau pour l'usage agricole à environ 1,1 Mm^3.

On peut aisément douter de la pertinence, en 2001, de ces calculs quand on observe la consommation d'eau pour l'agriculture à partir du premier barrage mis en service en 2010, celui de Thérondel. Les données fournies par le conseil général montrent que, lors d'une année normale — comme en 2011, où il n'y a pas eu de restrictions d'accès à l'eau par la préfecture —, les irrigants ont consommé seulement 50 % du volume d'eau prévu par la CACG dans son étude de 2001. Dans un autre bassin, celui de la Vère (Tarn), où elle gère le barrage de Fourogue (après un véritable passage en force en 1998, nous y reviendrons), elle avait calculé des besoins pour 400 ha irrigués, alors qu'il n'y en a eu finalement que 214 en 2011...

Devant un tel déficit, artificiellement gonflé, le bureau d'études CACG n'a d'autre choix que de proposer des « solutions de stockage », c'est-à-dire la réalisation de barrages sur le bassin du Tescou. Certes, elle prend tout de même la peine de considérer que « les économies d'eau apparaissent comme un préalable incontournable », car il ne faudrait pas croire que la CACG est une compagnie irresponsable qui, à l'aube du XXIe siècle, ne s'inquiète pas du gaspillage des ressources naturelles ! Mais, avec un tel déficit, les économies d'eau envisagées (meilleure gestion des retenues collinaires existantes, réduction des surfaces irriguées et quota de 2 000 m^3/ha) ne peuvent permettre de ramener le bassin à l'équilibre. D'ailleurs, bien qu'elles « apparaissent comme un préalable incontournable », elles ne seront jamais mises en œuvre sur le bassin !

Des barrages, encore des barrages, toujours des barrages

Pour la CACG, il faut donc réaliser des barrages. Parmi les quatre sites envisagés, on retrouve – quelle coïncidence ! – le site de Sivens, pour un volume de

0,5 Mm^3 ou de 1 Mm^3. Mais, prudente, la CACG estime que la capacité du barrage de Sivens pourrait être portée à 1,2 Mm^3 « afin de créer une certaine sécurité », voire à 1,5 Mm^3 si l'éventualité de la réservation d'une tranche de 300 000 m^3 pour l'eau potable devait être confirmée. Depuis, aucune demande n'a jamais été confirmée, mais la CACG a maintenu le projet à 1,5 Mm^3, ce qui a non seulement écarté les autres sites possibles de plus faible capacité, mais a surtout impliqué des impacts très élevés sur l'environnement puisqu'une plus grande surface de zone humide est ainsi détruite. Le pire est que la CACG était déjà consciente, en 2001, que le site prévu à Sivens était d'une grande importance écologique : « Ce site s'inscrit au cœur de la forêt de Sivens, qui constitue indéniablement un milieu écologique riche, en particulier en matière de flore et faune terrestres. »

La CACG aurait-elle rédigé le même rapport en 2001 si elle ne projetait pas de bénéficier ensuite du marché du barrage de Sivens et n'avait donc aucun intérêt à gonfler les déficits en eau ? C'est peu probable, et une analyse de ses études sur d'autres bassins où elle ne projetait pas de réaliser elle-même un ouvrage pourrait peut-être en faire la démonstration, si de tels cas existent... Toujours est-il que l'origine de « l'affaire de Sivens » est là, dans ce conflit d'intérêts flagrant. La CACG, dont le cœur de métier est de réaliser et de gérer des barrages pour l'irrigation, n'aurait jamais dû se retrouver en position de mener des études de besoin sur le bassin du Tescou. D'autant plus qu'elle avait déjà montré, dans les années 1980, son intérêt à construire un barrage à Sivens.

CHAPITRE 2
DES ÉLUS LOCAUX TRÈS (TROP) IMPLIQUÉS

Le démarrage du projet de barrage n'aurait pas été possible sans l'aval des élus. En décembre 2003, les trois conseils généraux (Haute-Garonne, Tarn et Tarn-et-Garonne), les chambres d'agriculture de ces trois départements, l'association d'irrigants du Tescou, l'Agence de l'eau Adour-Garonne et l'État signent le Plan de gestion des étiages (PGE) du Tescou. Ce PGE est basé sur l'étude de la CACG remise au conseil général de Tarn-et-Garonne en septembre 2001. Les signataires reprennent les scénarios les moins économes du rapport CACG : un débit objectif d'étiage à 150 l/s pour diluer la pollution de la laiterie, pas de réduction des surfaces irriguées, un quota de 2000 m³/ha...

Le PGE prévoit trois scénarios de construction de barrages, avec un scénario prioritaire correspondant à la réalisation du barrage de Thérondel et à celle de celui de Sivens. Si Sivens ne devait pas se faire, le barrage de l'Hirondelle, plus en aval, est indiqué comme alternative. Étrangement, ce scénario n'a pas encore été étudié... Pour faire bonne mesure, un plan d'économie d'eau est annoncé, mais seules quelques mesurettes inefficaces sont mises en place, sans que cela ne fasse baisser les besoins d'eau affichés aujourd'hui par les chambres d'agriculture.

On peut imaginer que, si une association agréée pour la protection de l'environnement et une autre, agréée pour la pêche et la protection des milieux aquatiques, avaient participé à l'élaboration de ce PGE, elles auraient pu remettre en cause, dès 2003, les analyses et propositions de la CACG. Un meilleur PGE aurait probablement apporté des réponses adaptées aux agriculteurs et aux besoins des milieux naturels beaucoup plus tôt, ce qui aurait évité d'en arriver à la situation de crise de 2014.

Trop modeste CACG

Ces dernières années, le dossier officiel du projet de barrage de Sivens s'est appuyé sur ce PGE du Tescou pour justifier sa mise en œuvre. Jamais il n'est mentionné que les études ont été réalisées par la CACG en 2001. Devenue maître d'ouvrage délégué, celle-ci est évidemment mal à l'aise et cherche à cacher ce conflit d'intérêts évident. Lors de la réunion d'information et d'échange du 10 septembre 2012, dans le cadre de l'enquête publique, la représentante de la CACG, Solène Laloux, déclare aux 400 personnes présentes: « Je voudrais vraiment que vous compreniez bien que la CACG n'a rien à voir avec le PGE, nous n'avons pas travaillé dans le PGE, les valeurs annoncées du PGE n'émanent pas du tout de la CACG. Soyez "réglos" là-dessus, la CACG intervient pour la réalisation d'un ouvrage dont les objectifs ont été fixés par d'autres cadres. »

L'un des fondateurs du Collectif Testet, Christian Pince, a réussi à obtenir une copie du PGE, car celui-ci n'est volontairement pas inclus dans le dossier d'enquête publique. Il interroge aussitôt Solène Laloux: « Mais pourquoi le PGE cite-t-il sans arrêt la CACG et ses études pour justifier ses chiffres ? » Déstabilisée, sa représentante nuance ses propos: « C'est sur le déficit, mais ce n'est pas nous qui avons fixé les quotas d'eau. » Certes, ce sont les signataires du PGE qui ont formellement fixé les quotas d'eau (2000 m³/ha), mais sur la base des « simulations de la CACG », comme nous l'avons vu plus haut. Lors de cette même réunion, la CACG fait croire que le DOE à 150 l/s a été « fixé par le SDAGE[4] et relayé par le plan de gestion des étiages », alors que c'est la CACG qui a proposé ce débit, repris par les élus et les irrigants dans le PGE en 2003 et intégré ensuite dans le SDAGE 2010-2015, lui conférant ainsi une valeur réglementaire à respecter. La CACG s'appuie sur une norme réglementaire pour justifier le barrage de Sivens, alors que c'est elle qui a défini la norme en tant que bureau d'études onze ans plus tôt...

Manipulation des chiffres

Apparemment conscient que ce projet de barrage de Sivens n'aurait pas beaucoup d'intérêt pour le département, le conseil général du Tarn traîne un peu des pieds pour le programmer. Le rapport de la CACG en 2001 lui montrait que le projet serait cher, qu'il aurait des conséquences importantes sur l'environnement et qu'il était refusé par certains agriculteurs exploitant des terres sur le site. De plus, la demande agricole venant surtout du voisin tarn-et-garonnais, il offrait peu d'avantages et beaucoup d'inconvénients pour le Tarn. C'est, semble-t-il, sous la pression du conseil général du Tarn-et-Garonne et de l'État, selon certaines sources, que le conseil général du Tarn finit par accepter, en octobre 2007, de se porter maître d'ouvrage pour « la réalisation d'une réserve en eau de 1,5 Mm³ ».

On ne connaît pas aujourd'hui la nature de la pression exercée à l'époque par la CACG. Toujours est-il que cette dernière se trouve être la seule entreprise

4. Schéma directeur d'aménagement et de gestion des eaux.

candidate lors de la procédure dite « négociée » portant sur la « concession d'aménagement du barrage de Sivens ». En août 2008, la CACG et le conseil général du Tarn signent une convention publique d'aménagement. Sept ans après avoir recommandé dans son rapport, en tant que bureau d'études, la réalisation d'un barrage à Sivens, la CACG en obtient le marché !

Sans doute pour crédibiliser le projet auprès des financeurs publics, le conseil général du Tarn-et-Garonne demande à la CACG d'actualiser le calcul des déficits en eau du bassin du Tescou, car les données, qui remontent à l'année 2000, commencent à dater. Étrange méthode que de décider de réaliser une réserve en eau de 1,5 Mm^3, de passer commande dans ce sens à la CACG et de vérifier *ensuite* quels sont les déficits réels, et donc le volume nécessaire...

En mars 2009, la CACG remet au conseil général du Tarn un rapport d'étude de seulement douze pages. Elle considère alors que les besoins de salubrité ainsi que les besoins agricoles sont restés les mêmes qu'en 2001. Pour elle, « la baisse des apports au cours des années les plus récentes » entraîne même une augmentation de 15 % des déficits. Le Collectif Testet a démontré dans un contre-rapport[5] que cette augmentation de 15 % des déficits citée par la CACG est contradictoire avec les tableaux qu'elle présente dans son rapport. Pire, elle n'a pas pris en compte la baisse des pollutions et la baisse des surfaces irriguées entre 2001 et 2009. En tenant compte des évolutions sur le terrain, c'est plutôt une baisse de 50 % des déficits globaux que la

5. *Analyse de l'« Actualisation du calcul des déficits en eau du bassin du Tescou » réalisée par la CACG en mars 2009 et de son impact pour le projet de barrage de Sivens*, Collectif Testet, sept. 2013. Téléchargeable dans la rubrique « Le rapport fondateur CACG 2001 » sur le site Web du Collectif.

CACG aurait dû constater, et non pas une augmentation de 15%. Mais une actualisation objective aurait remis en cause le projet de barrage de Sivens, un marché dont son avenir dépendait en grande partie... En effet, dans son rapport annuel 2009, la CACG parlait de ses difficultés économiques: «2009 fut, dans la continuité des premières vicissitudes rencontrées fin 2008, une année de fortes incertitudes économiques [...]. Ces incertitudes, voire ces inquiétudes, tant économiques qu'institutionnelles, ont pesé sur l'activité de l'entreprise tant dans le déroulé de l'année 2009 que dans la préparation de l'avenir.» Ce contexte économique difficile explique sans doute la manipulation des données dans le rapport remis au conseil général du Tarn.

Cette entourloupe a été dénoncée en vain par le Collectif Testet en septembre 2013 auprès des ministres de l'Écologie et de l'Agriculture, auprès des conseils généraux, des préfets, du conseil régional, etc. Son caractère manipulatoire a été confirmé par les experts envoyés par Ségolène Royal en septembre 2014, mais dans des termes évidemment plus feutrés: «Sa démonstration d'une stabilité du besoin est peu convaincante», ou encore: «Des besoins réels, mais évalués de manière contestable».

Les critiques des experts sont sans ambiguïté! Comment expliquer alors que les services de l'État en région, l'Agence de l'eau ou les ministères n'aient pas réagi lors de l'alerte lancée en septembre 2013 par le Collectif Testet? C'était pourtant avant la publication des arrêtés préfectoraux et avant les autorisations de financements, à un moment où il était encore possible de geler le projet le temps de procéder à une expertise indépendante des acteurs locaux – comme Ségolène Royal a fini par le décider, un an plus tard, sous la pression d'opposants très mobilisés. Une hypothèse sérieuse explique ce silence par les bons relais politiques dont disposait la CACG à cette période, à la fois au niveau local et national.

Relais et réseaux

Dans le Tarn et au sein de l'Agence de l'eau Adour-Garonne, la CACG sait qu'elle peut compter sur le conseiller général tarnais André Cabot. Cet ancien technicien-chef en agriculture représente en effet le conseil général au conseil d'administration de la Compagnie, aux côtés d'un élu de chaque conseil général et d'un autre de chaque conseil régional. Issus des majorités politiques de ces institutions, ces administrateurs de la CACG viennent donc du Parti socialiste ou des Radicaux de gauche, dominants dans le Sud-Ouest.

En charge de l'eau au conseil général, dont il est l'un des vice-présidents, André Cabot porte le projet de barrage de Sivens depuis des années, mais refuse de débattre de sa pertinence avec les associations. Il a systématiquement décliné tous les rendez-vous sollicités et n'a jamais répondu aux nombreux courriers du Collectif Testet. Il est bien placé pour défendre les intérêts du Tarn et de la CACG au sein de l'Agence de l'eau puisqu'il en était le vice-président de la Commission des interventions, celle qui a donné un avis favorable à la subvention de 4 millions d'euros attribuée au barrage de Sivens. Prudent, désireux d'éviter une plainte pour prise illégale d'intérêts, André Cabot n'a pas animé ce point inscrit à l'ordre du jour de la commission, ni pris part au vote, selon le compte rendu de la réunion. Lorsque le conseil d'administration de l'Agence de l'eau a confirmé le financement du barrage, le 4 novembre 2013, il a également nommé André Cabot à la présidence, devenue vacante, de cette Commission des interventions. Présider la Commission qui examine les dossiers de demande de subventions est un poste vraiment stratégique, notamment parce qu'il permet d'être également au bureau de l'Agence.

Autre membre du bureau de l'Agence en tant que deuxième vice-président : Henri-Bernard Cartier. Il y représente l'Association interrégionale des irrigants du bassin Adour-Garonne. Il n'oublie sans doute pas qu'il est aussi vice-président de la CACG... En 2014, Alain Villocel était vice-président de l'autre commission importante (programme, finances et évaluation), en tant que directeur général de la CACG. Le nouveau directeur général, Alain Poncet, est au conseil d'administration de l'Agence. Autant dire que des représentants de la CACG occupent des postes pour le moins importants et stratégiques au sein de l'Agence de l'eau !

Pour obtenir l'appui de l'État au moment critique des autorisations préfectorales, la CACG a eu la chance de pouvoir compter sur l'appui d'un ministre chargé de l'Écologie et disposé à écouter qui de droit. Avant d'être nommé ministre en juin 2013, Philippe Martin était président du conseil général du Gers. Son ami Francis Daguzan, socialiste lui aussi, en est le vice-président, en charge de la Commission agriculture et développement durable. C'est à ce titre qu'il représente le département au conseil d'administration de la CACG. Il en est même le président ! Autant dire qu'il était aisé pour le président de la CACG de discuter du barrage de Sivens avec le ministre chargé de l'Écologie, y compris, si besoin, le week-end, entre amis, dans l'un des restaurants d'Auch...

Cette proximité a-t-elle joué quand Philippe Martin a dû prendre position à propos du barrage de Sivens en septembre 2013, alors que les experts de son ministère avaient, pour la deuxième fois, donné un avis défavorable au projet? Nous n'étions pas dans son bureau à ce moment-là, mais nous constatons simplement que les autorisations de lancer le projet ont été accordées, alors que Delphine Batho, qui précédait Philippe Martin au ministère, les avait refusées en juin 2013. Dans une interview accordée à Mediapart le 6 novembre 2013, l'ancienne ministre déclarait: « L'autorité de l'État, c'était de refuser ce genre de projet, et c'était la première décision à prendre. Ce qui n'est pas normal, c'est de l'avoir ensuite autorisé. » Ce qui est en revanche démontré, c'est que Philippe Martin a levé en urgence le moratoire sur les financements des agences de l'eau concernant ce type de barrage, moratoire qui avait été mis en place par Delphine Batho. Le courrier du ministre aux agences de l'eau, le 11 octobre 2013, semble rédigé sur mesure pour le barrage de Sivens, puisqu'il lève le moratoire le jour même, mais uniquement pour « les projets administrativement bien engagés et devant bénéficier d'une aide du Feader[6] programmée en 2013 ». Deux arrêtés préfectoraux avaient déjà été signés par la préfète du Tarn, et la CACG sollicitait une aide Feader avant la fin du programme au 31 décembre 2013...

Pour une mobilisation citoyenne

À l'heure où nous rédigeons ce livre, l'identification des responsabilités politiques dans la validation d'un projet aussi mal ficelé n'est pas encore

6. Fonds européen agricole pour le développement rural.

clairement faite. Faut-il mettre l'absence de réactions aux alertes lancées en direction de nombreux décideurs par le Collectif Testet en septembre 2013 sur le compte de l'incompétence, de dysfonctionnements administratifs, de conflits d'intérêts ? Espérons que le temps permettra d'apporter des réponses évidentes. Pas prioritairement pour pointer du doigt des responsables, mais surtout pour améliorer les processus de décision concernant les projets publics. S'il est impossible à ce jour de déterminer qui, dans l'État, n'aurait jamais dû autoriser le projet ni ses financements publics (Agence de l'eau et fonds européens gérés alors par le préfet de région), il est en revanche évident qu'il doit devenir impossible qu'une même structure évalue les besoins, suggère des solutions et bénéficie ensuite du marché mettant en œuvre ces solutions.

Les exemples de situations similaires sont malheureusement nombreux. L'un des plus récents concerne l'autoroute Langon-Pau (A65), à propos de laquelle des associations écologistes, Sepanso en tête, avaient dénoncé les prévisions de trafic fantaisistes du concessionnaire (A'liénor, propriété d'Eiffage et Sanef). Elles n'ont pas été écoutées, 2 000 ha d'espaces naturels ont été détruits, et le trafic est deux fois moins élevé que prévu dans le dossier. Depuis son inauguration en décembre 2010, la société concessionnaire perd quelque 35 millions d'euros chaque année ! Qu'à cela ne tienne : le contrat de concession prévoit que ce sont l'État et les collectivités territoriales qui assument les dettes...

Il est donc temps que les études et évaluations *a priori* soient menées de manière réellement indépendante, ou bien qu'elles fassent l'objet d'une contre-expertise systématique. Il importe également de se pencher sur les modalités de prise en compte des expertises citoyennes, qu'elles puissent par exemple être incluses dans le dossier soumis à l'enquête publique.

La loi doit évoluer pour définir des garde-fous ainsi que des méthodes démocratiques et efficaces. Le conflit d'intérêts doit être mieux défini. Il doit être lourdement sanctionné afin que ces pratiques détestables disparaissent de notre territoire. Comparée à de nombreux pays démocratiques, la France est à la traîne sur ce point. Des députés écologistes et des juristes sont déjà au travail pour étudier les évolutions nécessaires. Nous devrons être nombreux à soutenir ces modifications législatives lorsqu'elles seront en débat au Parlement. Une belle mobilisation citoyenne pourra sans doute convaincre les parlementaires les plus frileux qu'il faut obtenir une majorité en faveur de cette avancée démocratique.

Mais l'affaire du barrage de Sivens soulève des questions politiques au-delà des conflits d'intérêts. Ceux-ci sont à l'origine du détournement d'argent public au profit d'intérêts privés, mais se posent aussi les questions de la crise de la démocratie représentative et de l'évolution nécessaire vers plus de démocratie participative ou vers d'autres formes de délibérations mieux adaptées aux attentes citoyennes de ce XXIe siècle. Car le déroulement de la procédure administrative, en 2012 et 2013, a été entaché d'un déni de démocratie de la part des autorités censées l'appliquer. On verra dans la partie suivante que le conseil général du Tarn n'a pas hésité à fouler aux pieds ses beaux engagements démocratiques, pourtant adoptés à l'unanimité.

CHAPITRE 3
DES BEAUX DISCOURS SUR LA DÉMOCRATIE LOCALE À LA TRISTE RÉALITÉ SUR LE TERRAIN

Après la mort tragique de Rémi Fraisse et la tourmente médiatique qui a suivi, on a entendu nombre de commentateurs dénoncer l'assaut des opposants au barrage de Sivens contre la démocratie locale. Certes, la pression médiatique pousse à une certaine précipitation dans le but de réagir à ce qui est devenu « l'affaire de Sivens », mais il serait plus prudent d'étudier l'historique du projet afin de ne pas tenir des propos inadaptés et susceptibles d'embrouiller le débat public qui s'est ouvert sur cette question fondamentale.

Incontestablement, le projet a fait l'objet de votes de la part de conseillers généraux qui lui étaient majoritairement favorables, y compris récemment (12 septembre 2014). Incontestablement, la procédure administrative a été menée de manière légale et la préfecture du Tarn a validé l'instruction du projet en publiant les arrêtés préfectoraux nécessaires à la réalisation du barrage. Mais considérer que cela confère toute sa légitimité au projet revient à dire que les élus votent toujours de manière appropriée, alors que les médias nous abreuvent régulièrement de scandales autour de projets inadaptés, de gaspillages d'argent public, etc. Tant qu'à faire, supprimons la Cour des comptes puisque la confiance dans les élus est totale et qu'il est bien connu qu'aucun rapport de cette Cour ne les épingle… Si un arrêté préfectoral est forcément pris avec la plus grande rigueur et dans le respect du droit, économisons de l'argent public en fermant les tribunaux administratifs ! Ce sont pourtant ces mêmes tribunaux qui ordonnent régulièrement l'annulation d'arrêtés préfectoraux, y compris ceux qui avaient été pris par la préfecture du Tarn dans le cadre d'un autre projet de barrage, celui de Fourogue, également porté (comme le monde est petit!) par la Compagnie d'aménagement des Coteaux de Gascogne (CACG) et le conseil général du Tarn...

Mépris, mensonge, mutisme

Pour Sivens, donc, la procédure a bien été légale, mais elle est loin d'avoir été démocratique. Pendant les deux années qui ont précédé les autorisations préfectorales permettant de réaliser le barrage, les citoyens et les experts ont été méprisés. Quelques exemples l'illustrent parfaitement.

Le conseil général et les différents soutiens au barrage (élus, chambres d'agriculture, etc.) ne cessent de répéter que la concertation a eu lieu, que le projet a déjà beaucoup été débattu et qu'en conséquence les opposants devraient accepter leur défaite et cesser toute résistance. Ce mensonge est probablement de bonne foi pour les élus municipaux et les chambres d'agriculture. En effet, en 2011 et 2012, le projet a fait l'objet de votes favorables dans la plupart des communes situées sur le parcours de la rivière Tescou, bien que, selon plusieurs témoins, ces votes aient souvent été obtenus sans réels débats. Les chambres d'agriculture sont associées aux discussions depuis au moins 2003, puisqu'elles sont signataires du PGE du Tescou, qui a prévu la réalisation du barrage de Sivens. Les agriculteurs étaient les seuls à être présents dans l'élaboration de ce plan face aux autorités publiques (conseils généraux et État/Agence de l'eau).

Si les associations écologistes et les fédérations de pêche et des milieux aquatiques avaient été associées dès 2003, le projet de barrage de Sivens aurait été contesté beaucoup plus tôt, et des alternatives auraient été étudiées.

Or, en 2007, quand le conseil général a décidé de lancer le projet (vote du 12 octobre), il s'est bien gardé de consulter les associations. Nouvelle occasion manquée de tester l'acceptabilité du barrage ! Il a fallu que des riverains du site de Sivens s'aperçoivent en 2010 que des études d'impact étaient menées sur la zone humide du Testet pour que l'association environnementale locale Lisle Environnement soit informée du projet et apprenne qu'il était confié à la CACG. En mars 2011, Lisle Environnement écrit au conseil général pour demander qu'on lui transmette les documents existants, notamment « l'étude la plus récente qui permet de justifier la nécessité de cette retenue ». Ayant seulement identifié l'étude réalisée par la CACG en 2001, l'association locale estime que la Compagnie est « juge et partie » et demande au conseil général « que soit réalisée une étude complémentaire, actualisée et indépendante (notamment de la CACG) ». Après avoir expliqué les évolutions agricoles et juridiques depuis 2001, Lisle Environnement indique que « cette étude devrait réévaluer les besoins pour l'irrigation et le soutien des étiages ».

Bref, les principaux arguments portés aujourd'hui par les opposants au barrage de Sivens étaient déjà annoncés au conseil général en 2011. Trois ans et demi plus tard, après une crise violente et le décès d'un manifestant visé par les forces de l'ordre, le rapport d'expertise du ministère reconnaît que la CACG a surévalué les besoins pour l'irrigation et le soutien des étiages. En mars 2011, Christian Pince, le président de Lisle Environnement, termine son courrier argumenté au président du conseil général en le félicitant « d'avoir engagé le département dans un Agenda 21 et une démarche de démocratie participative». Il poursuit en espérant que, «sur ce dossier de projet de retenue de Sivens, cette politique affirmée sera mise en œuvre». La suite lui prouvera que non.

Le 13 mai 2011, le président du conseil général, Thierry Carcenac, répond, en pleine contradiction avec la Charte de la participation adoptée trois mois plus tôt: «L'ensemble des éléments d'appréciation sera donc à disposition du public dès lors que l'enquête publique aura été ouverte.» Aucune étude indépendante n'a été réalisée et, bien que réclamé de nombreuses fois par la suite, le rapport 2001 de la CACG ne sera jamais communiqué au collectif, ni par le conseil général ni par la préfecture.

En juillet 2011, Lisle Environnement renouvelle sa demande de documents avec l'appui de l'Upnet[7], la fédération agréée qui regroupe les associations environnementales du Tarn. Les demandeurs soulignent leur déception face au manque de transparence: «Il ne nous semble pas que ces documents soient frappés du sceau "secret défense". Ils sont financés par des fonds publics. Il nous semble donc légitime que vous nous en fassiez parvenir un exemplaire. Ce serait tout à votre honneur de respecter les points 3, 4 & 5 de la "Charte de la participation" que vous avez signée et dont vous avez fait une large publicité.» Deux mois plus tard, le conseil général répond et communique quelques documents (plan de gestion des étiages

7. Union Protection Nature Environnement du Tarn, membre de France Nature Environnement Midi-Pyrénées.

2003, « actualisation » du rapport 2001 par la CACG en 2009...). Mais, sans le rapport d'origine (140 pages), il est impossible aux associations de mener une analyse complète, car elles ne disposent pas des éléments qui ont justifié le projet du barrage de Sivens.

Aucune concertation avec les associations

En novembre 2011, les deux associations écrivent pour solliciter une entrevue permettant d'examiner « les modes de concertation possibles avant enquête publique ». Elle a lieu le 29 décembre avec le président du conseil général du Tarn, mais sans André Cabot, vice-président porteur du projet. Ce dernier a toujours refusé de rencontrer les organisations de protection de l'environnement sur ce dossier. Le président est conciliant et tente de rassurer les représentants associatifs en disant qu'ils l'ont convaincu... Mais, début 2012, une enquête publique est annoncée ! La préfecture envisage de la réaliser durant l'été 2012, pire période pour s'assurer de la participation active des citoyens. À la demande de cinq associations, désormais regroupée au sein du Collectif pour la sauvegarde de la zone humide du Testet, l'enquête est repoussée du 3 septembre au 9 octobre. Le Collectif, alors animé par les dynamiques Françoise Blandel et Christian Pince, accède enfin au dossier d'enquêtes publiques. Cependant, malgré les 900 pages qui le composent, les éléments essentiels en sont absents : ni le rapport CACG recommandant le projet en 2001, ni le PGE du Tescou (2003), ni les avis défavorables des services de l'État chargés de l'eau (l'Office national de l'eau et des milieux aquatiques/Onema)... Technique efficace, le citoyen est noyé sous des tonnes d'informations à lire en cinq semaines maximum, alors que le porteur de projet ne lui donne pas les moyens de vérifier les calculs qui justifient le projet ! Impossible de proposer un projet alternatif en si peu de temps, ce qui aurait été possible dans le cadre d'une véritable concertation avant l'enquête publique. Mais celle-ci a été refusée aux associations, comme est obligé de le reconnaître le conseil général dans une fiche administrative figurant au dossier d'enquêtes publiques : « Le projet de retenue de Sivens n'a pas fait l'objet d'une concertation spécifique avec le public, préalablement aux enquêtes publiques, permettant au public de participer au processus décisionnel. »

Pour justifier le refus de débattre de manière contradictoire en public, le conseil général fait valoir régulièrement qu'un débat public a déjà eu lieu lors des enquêtes publiques. Or, ce n'est pas un tel débat qui a eu lieu le 10 septembre 2012, mais une réunion d'information et d'échange avec le public, et à l'initiative de la commission d'enquêtes publiques, car cette réunion n'avait même pas été prévue par la préfecture et le conseil général... Ce jour-là, ce sont les porteurs du projet qui étaient à la tribune et bénéficiaient de la majorité du temps de parole. Les 400 participants (dont de nombreux agriculteurs du Tarn-et-Garonne, venus dans des bus affrétés par la FDSEA du Tarn) pouvaient seulement poser des questions ou apporter leur point de vue depuis la salle.

Si cet échange public est évidemment utile, notamment pour entendre la CACG mentir sur son rôle multi-casquettes (voir chapitre 1), il n'est pas comparable avec un débat contradictoire durant lequel les partisans et les opposants disposent du même temps de parole et affrontent leurs arguments. Près d'une vingtaine de particuliers et d'organisations locales, départementales (Fédération pour la pêche et la protection des milieux aquatiques, Attac, EELV), régionales (France Nature Environnement Midi-Pyrénées, Nature Midi-Pyrénées) et nationale (WWF France) ont émis un avis défavorable lors des enquêtes publiques.

En novembre 2012, la commission d'enquêtes publiques a donné un avis favorable au « projet de déclaration d'utilité publique de la réalisation de la retenue de Sivens » et à la réalisation des travaux, mais assorti de plusieurs réserves, dont celle-ci : « Compte tenu de l'importance de la destruction de la zone humide du Testet liée à la réalisation de la digue, la commission d'enquête considère que la déclaration d'utilité publique doit rester subordonnée à l'avis favorable de la commission nationale saisie de la demande de dérogation relative à la destruction d'espèces faunistiques et floristiques protégées. » Or, en avril, puis en septembre 2013, ce Conseil national de la protection de la nature (CNPN) a rendu un avis défavorable. Très critiques sur le projet, les experts du CNPN affirment que « les inventaires faunistiques sont très insuffisants », que « l'analyse des impacts du projet sur la faune et le maintien des connectivités écologiques sont sous-évalués » et que « les mesures d'évitement, de réduction ou de compensation sont insuffisantes, irréalisables, inadéquates ou très hypothétiques ». Non seulement la préfète du Tarn, Josiane Chevalier, n'a pas respecté les conclusions des enquêtes publiques, puisqu'elle a tout de même autorisé le projet et l'a déclaré d'utilité publique, mais, ne prenant pas en compte les avis des experts de la protection de la nature, elle a même qualifié le barrage de Sivens de « projet environnemental exemplaire » !

Comment bafouer la Charte de la participation

Malheureusement, les élus de la République ne sont pas mieux lotis. Réunis en commission permanente le 17 mai 2013, les conseillers généraux découvrent au dernier moment qu'un rapport de neuf pages sur le barrage de Sivens est soumis au vote. Par cette décision, le conseil général renouvelle auprès de l'État «sa demande d'autorisation et de déclaration d'intérêt général au titre de la loi sur l'eau ainsi que sa demande de déclaration d'utilité publique du projet». Les deux conseillers communistes Roland Foissac et Serge Entraygues expriment leur surprise et leur désaccord avec la méthode proposée. Sur un projet si polémique, et après l'avis très défavorable du CNPN, ils souhaitent le report du vote à la prochaine séance publique. Ceci à la fois pour permettre aux élus d'analyser ce qu'on leur propose de voter mais aussi pour que le débat soit public et ne se déroule pas en catimini en commission permanente. «L'opinion demande la transparence comme l'indique la Charte de la participation», soulignent-ils. Leur demande est rejetée.

Se succèdent alors les interventions favorables des élus porteurs du projet. Pour la première fois depuis qu'ils siègent au conseil général, Serge Entraygues et Roland Foissac refusent de participer à un vote. En cohérence avec sa position régulière sur ce projet, Jacques Pagès, conseiller général du Tarn, vote contre. C'est en foulant ainsi aux pieds la Charte de la participation que quarante-trois conseillers généraux sur quarante-six se sont prononcés en faveur de l'autorisation préfectorale des travaux du barrage. Quels citoyens exigeants pourraient s'incliner devant un tel vote obtenu avec si peu de respect pour la démocratie?

Face à cette baronnie méprisante, l'espoir se porte vers les instances nationales. Début juin 2013, Marie-Agnès Boyer-Gibaud, membre du collège exécutif du Collectif, obtient une rencontre avec un conseiller de la ministre de l'Écologie, Delphine Batho, venu à Gaillac pour inaugurer une conférence sur l'économie circulaire. Le conseiller prend des notes sur l'argumentation du Collectif, rencontre également les partisans du barrage et repart à la capitale. Delphine Batho, apparemment, a refusé de donner son accord pour que le projet soit autorisé. Ceci en cohérence avec l'avis défavorable de ses experts (le CNPN) et avec le moratoire financier sur les barrages pour l'irrigation qu'elle avait instauré à son arrivée au ministère.

Le 2 juillet 2013, ayant critiqué publiquement la baisse du budget de son ministère, en totale contradiction avec la promesse de transition écologique du Président, Delphine Batho est limogée. Le député Philippe Martin la remplace. Il vient de remettre un rapport au gouvernement sur « la gestion quantitative de l'eau en agriculture ». Le contenu de ce rapport, qui fait la part trop belle aux propositions de la FNSEA, est critiqué par l'association France Nature Environnement. C'est donc à ce nouveau ministre de l'Écologie (dont nous avons vu plus haut les liens avec le constructeur de barrages) et à son collègue chargé de l'Agriculture, Stéphane Le Foll, que le Collectif s'adresse fin septembre 2013. Après avoir saisi la commission d'accès aux documents administratifs (Cada), le Collectif obtient finalement l'accès au rapport 2001 de la CACG. Comme expliqué précédemment, c'est en analysant ce rapport que le Collectif comprend comment la CACG a exagéré le déficit en eau dès 2001, et surtout dans son « actualisation » en 2009, afin de justifier le barrage de

Sivens, dont elle venait d'obtenir le marché. Le 20 septembre 2013, le Collectif envoie deux contre-rapports aux deux ministres. Faisant la démonstration que la CACG a surdimensionné le projet, le Collectif leur demande « de geler le projet de barrage de Sivens en attendant que de nouvelles analyses soient réalisées par des experts réellement indépendants ».

Le courrier de six pages et les contre-rapports sont envoyés en copie aux préfets, aux présidents des conseils généraux et du conseil régional, au maire de Lisle-sur-Tarn, aux députés et sénateurs locaux… Aucun d'entre eux n'a jamais répondu ni même poliment accusé réception. Malgré de nombreuses relances au cabinet de chaque ministre, il s'avère impossible de discuter du dossier avec un conseiller ou d'obtenir un rendez-vous. Il faut attendre un an pour que, le 8 septembre 2014, à la suite d'une fantastique mobilisation citoyenne bloquant le chantier de défrichement, Ségolène Royal décide d'envoyer des experts analyser le projet. Leur rapport d'expertise, rendu public le soir de la mort de Rémi Fraisse, montre que tous les points dénoncés par le Collectif auprès du gouvernement un an plus tôt étaient fondés. Un mort, de nombreux blessés, un conflit ouvert dans la population locale, le saccage écologique de la vallée du Testet : tout cela aurait pu être évité si les alertes lancées par le Collectif avaient été entendues en septembre 2013, lorsque le projet n'était pas encore autorisé par l'État.

« Thatchercenac » et les grévistes de la faim

Le bilan du passage en force des pouvoirs publics aurait pu être encore plus lourd, car d'autres personnes ont failli mourir fin octobre 2014. Quand ils ont mis fin à leur mouvement de grève de la faim, Roland Fourcard, Christian Conrad et Gilles Olivet jeûnaient depuis respectivement 61, 55 et 50 jours! Selon une revue médicale[8], les décès sont à craindre à partir du 40e jour, l'organisme pouvant basculer en quelques heures. C'est l'attitude scandaleuse du conseil général, en premier lieu de son président Thierry Carcenac (PS), qui a conduit à une telle action extrême pour défendre la démocratie. Malgré les nombreux courriers et les «casserolades» (manifestations en tapant sur des casseroles) en janvier et juin 2014 devant la maison du département, Thierry Carcenac a refusé de répondre aux questions du Collectif et de débattre en public pendant près d'un an. Alors que la relance du chantier est annoncée pour le 1er septembre, quatre membres du Collectif démarrent une grève de la faim illimitée le 27 août 2014 «afin d'obtenir que des pratiques réellement démocratiques, en cohérence avec la Charte de la participation adoptée par le conseil général, soient enfin mises en application sur ce projet».

Dans leur courrier à Thierry Carcenac, les grévistes annoncent qu'ils «poursuivront leur grève de la faim jusqu'à l'obtention d'un débat public contradictoire avec le conseil général permettant d'obtenir des réponses précises». Début septembre, d'autres les rejoignent pour quelques semaines ou quelques jours. Il faut près d'un mois à Thierry Carcenac pour répondre aux grévistes à travers un courrier débordant de mépris. Derrière un discours de façade acceptant le dialogue, il fait de la surenchère sur les conditions nécessaires pour participer à un débat public d'une heure. Même réponse hypocrite quand il est invité à

8. «Que se passe-t-il physiquement lors d'une grève de la faim ?», *Santé conjuguée*, n° 34, oct. 2005, p. 29-33.

un débat contradictoire avec le Collectif par des journalistes[9] soucieux de favoriser le dialogue et de mettre fin à cette grève qui ne fait que trop durer.

Après plus de quarante jours de mobilisation, les grévistes et le Collectif perdent tout espoir d'obtenir satisfaction auprès de celui que certains commencent à surnommer «Thatchercenac», en référence à la «dame de fer», Margaret Thatcher, qui laissa mourir le républicain irlandais Bobby Sands après soixante-six jours de grève de la faim. Les réponses que le conseil général refuse d'apporter se trouvent désormais dans le rapport d'expertise commandé par la ministre Ségolène Royal. Un courrier lui est donc adressé le 13 octobre pour lui demander de s'engager à rendre public ce rapport comme condition de la levée de la grève de la faim. Malgré l'envoi à la ministre de courriers de soutien de personnalités nationales, rien ne bouge avant le 21 octobre, lorsque les médias nationaux rendent compte de la venue, la veille, de Cécile Duflot et Noël Mamère sur le site du chantier et aussi du fait que, ce 21 octobre, les trois grévistes se sont rendus aux urgences d'un hôpital de Toulouse afin de voir si leur état ne justifierait pas une hospitalisation.

Façon particulièrement choquante de répondre à des citoyens en grève de la faim depuis cinquante jours, c'est à travers son compte Twitter que la ministre communique ce jour-là: «Rapport des deux experts sur le barrage de Sivens rendu: réunion de restitution en préfecture du Tarn dès le début de la semaine prochaine.»

9. L'hebdomadaire *Le Tarn libre*, la radio 100% et le blog politique de France 3 Midi-Pyrénées ont tenté sans succès d'obtenir l'accord de Thierry Carcenac pour la tenue d'un débat contradictoire d'une heure avec le Collectif Testet. Thierry Carcenac ayant peur d'être confronté à une assistance hostile, il lui avait été proposé d'avoir un public invité, composé majoritairement de journalistes.

Le lendemain, un communiqué du ministère annonce la publication des conclusions de l'expertise lors de cette réunion. Voulant s'assurer que c'est bien la totalité du rapport et pas seulement les conclusions qui seront rendues publiques, deux grévistes décident de poursuivre leur mouvement. Malgré des emails insistants au cabinet de la ministre, aux experts et au préfet, cette ambigüité n'est pas levée et le mouvement de grève cesse donc le 27 octobre, lorsque les grévistes accèdent au rapport complet sur le site Web de la préfecture. Il est scandaleux que le cabinet de la ministre (l'informait-il?) ait pris le risque de prolonger la grève de la faim au-delà des cinquante jours, alors que, dès le 14 octobre, il lui aurait été possible de s'engager à rendre public le rapport d'expertise.

Il est particulièrement choquant que, dans un pays qui se targue d'être la patrie des droits de l'homme, il soit, en 2014, nécessaire de mettre sa vie en danger à travers une longue grève de la faim pour simplement obtenir des éléments basiques sur un projet d'aménagement du territoire. Justification du dimensionnement du projet, nombre de bénéficiaires, coût de fonctionnement pour le contribuable sont tout de même des données essentielles pour analyser l'intérêt général d'un projet. Est-ce normal que des citoyens et même des associations agréées soient obligés d'organiser tant de manifestations pour obtenir un minimum de transparence et un débat public contradictoire?

François Hollande promet plus de démocratie participative

Le 27 novembre 2014, lors de la conférence environnementale, le président de la République réagit pendant 7 minutes à la mort de Rémi Fraisse et, sur le fond de l'affaire de Sivens, « à la question du débat public qui est ainsi posée ». Il annonce que le gouvernement lancera un chantier de six mois sur la démocratie participative avec mise en œuvre immédiate des propositions. Selon François Hollande, cette réflexion avec toutes les parties prenantes doit « explorer de nouveaux modes d'associations des citoyens aux décisions qui les concernent, de nouvelles façons de communiquer, d'entendre, de dialoguer ». C'est une bonne nouvelle si, contrairement à beaucoup d'autres déjà, cette promesse est tenue ! Auparavant, des élus écologistes et des avocats spécialisés avaient lancé un travail de réforme des enquêtes publiques et de la procédure de déclaration d'utilité publique.

Toutes ces initiatives vont dans le bon sens si les dirigeants politiques mettent réellement en œuvre les changements nécessaires à la fois dans la loi et surtout dans les pratiques. Mener une réelle concertation en amont des projets, appliquer une sincère transparence, rendre le dossier accessible sur Internet plusieurs mois avant le déroulement de l'enquête, donner une place aux expertises citoyennes, favoriser le respect des avis défavorables sont des mesures qui pourraient permettre d'éviter des crises politiques et écologiques comme celle de Sivens et de beaucoup d'autres projets actuellement imposés sur le territoire. Donner plus de pouvoir aux citoyens pour codécider les projets qui auront une conséquence sur leur vie ou l'avenir de leur territoire, c'est restaurer un véritable débat public et ainsi, plus globalement, revivifier la démocratie dans son ensemble.

CHAPITRE 4
QUAND LA JUSTICE N'EST PLUS UN RECOURS

Fin septembre 2013 se termine la longue procédure administrative du projet qui, nous l'avons vu dans le chapitre précédent, s'est déroulée sans transparence ni concertation. Le Collectif Testet a cependant encore espoir que l'État ne signe pas les arrêtés autorisant le projet. Il y a plusieurs raisons valables à cela. D'abord, le fait que plusieurs avis obligatoires émis durant la procédure sont défavorables. Les deux principaux étant celui des services de l'État chargés de l'eau : l'Office national de l'eau et des milieux aquatiques (Onema) et le Conseil national de protection de la nature (CNPN). Or, l'avis favorable du CNPN était la condition donnée par la commission d'enquêtes publiques pour que la déclaration d'utilité publique et l'autorisation des travaux soient accordées à la CAGC et au conseil général. Si l'État respectait le résultat des enquêtes publiques, il ne pouvait pas autoriser le projet.

Autre raison qui aurait pu conduire l'État à ne pas signer les arrêtés : le fait que le Collectif venait de démontrer que le projet était surdimensionné, qu'il n'était pas compatible avec le financement européen et qu'il existait des alternatives possibles. Le respect des citoyens et des organismes consultés ainsi que la prudence auraient dû conduire l'État et le conseil général à geler le projet, le temps de l'améliorer ou de l'abandonner au profit d'alternatives mieux adaptées.

Philippe Martin : une oreille attentive ?

Malheureusement, ce n'est pas la sagesse et la démocratie qui l'emportent. Les premiers arrêtés (déclaration d'utilité publique et déclaration d'intérêt général et autorisation de travaux) sont signés les 2 et 3 octobre 2013. L'arrêté accordant la dérogation à la loi sur les espèces protégées est publié le 17 octobre à la suite d'une consultation publique bidon. Comment ce passage en force de l'État a-t-il été possible ? Il est évident que les arbitrages ont eu lieu au niveau gouvernemental et que les ministres chargés de l'Agriculture et de l'Écologie ont donné leur avis. Même si le barrage de Sivens devait favoriser des pratiques agricoles loin de l'agroécologie promue dans ses discours, on comprend aisément que la pression de la FNSEA ait conduit Stéphane Le Foll à donner un avis probablement favorable. Mais pourquoi le ministre chargé de l'Écologie n'a-t-il pas été capable d'empêcher un projet pour lequel tant ses experts de l'eau et des milieux aquatiques (Onema) que ceux chargés de la biodiversité (CNPN) avaient donné des avis défavorables ? Il suffisait, par exemple, à Philippe Martin de ne pas lever le moratoire mis en place par la ministre précédente, Delphine Batho, sur le financement par les agences de l'eau de ce type de retenue d'eau pour l'irrigation. Cet ex-député apprécié des écologistes pour ses positions anti-OGM avait-il donc intérêt à favoriser la réalisation du barrage de Sivens ?

Comme nous l'avons rappelé plus haut, avant de devenir ministre en juillet 2013, Philippe Martin était député et président du conseil général du Gers. Berceau de la CACG créée pour aménager les coteaux de Gascogne, ce département rural est l'un des plus irrigués du Sud-Ouest, essentiellement pour la culture du maïs. La proximité entre la Compagnie et le Gers est telle que le vice-président du conseil général, Francis Daguzan, est le président du conseil d'administration de la CACG depuis 2004. Ce proche allié politique de Philippe Martin au sein du conseil général du Gers a probablement l'oreille attentive du ministre quand la décision d'autoriser le barrage de Sivens doit être prise fin septembre 2013. Est-ce la raison qui fait que la décision du gouvernement est favorable ? Il est impossible de l'affirmer. Toujours est-il que, le 11 octobre 2013, Philippe Martin annonce aux agences de l'eau la levée du moratoire et la démarche de projet de territoire, il autorise le financement « dès à présent, à titre transitoire, pour les projets administrativement bien engagés et devant bénéficier d'une aide du Feader programmée en 2013 ». Une dérogation sur mesure pour le barrage de Sivens ? En tout cas, ce 11 octobre est un jour de chance pour la CACG puisque la commission de l'agence de l'eau chargée des subventions accorde un avis favorable à sa demande de subvention… pour la modique somme de 4 189 238 d'euros (environ 50 % du coût du projet). Penser que Philippe Martin aurait pu « avoir laissé filer des autorisations » est « grotesque et mensonger », se défend l'intéressé dans une interview accordée à l'AFP le 31 octobre 2014.

À partir du moment où les arrêtés préfectoraux sont publiés, le temps n'est plus à convaincre les élus locaux ni le gouvernement qu'il faut abandonner ce projet. Le mode d'action des défenseurs de la zone humide du Testet s'adapte donc. Fidèle à ses actions légalistes, le Collectif Testet oriente son travail dans deux directions complémentaires. D'une part, il demande au conseil général et à la préfecture d'expliquer publiquement comment ils justifient d'autoriser le projet malgré tous les avis défavorables. Ce que les deux institutions refuseront. L'autre direction choisie par le Collectif Testet, qui renvoie à une stratégie habituelle lorsqu'un projet contesté est autorisé par l'État, est l'action juridique. Mais nous allons voir que les citoyens, là aussi, sont plutôt démunis, voire méprisés...

Les bulldozers avancent plus vite que la justice

Quand le Collectif se tourne vers la fédération régionale France Nature Environnement Midi-Pyrénées pour concevoir avec elle une stratégie juridique, les perspectives ne sont pas encourageantes. Comme l'explique son dynamique juriste, Hervé Hourcade, les recours « au fond » devant les tribunaux administratifs ne sont jugés que deux ou trois ans plus tard... Pendant ce temps, le chantier avance et, pour un barrage, il est souvent terminé avant que la justice ne se prononce sur la légalité des arrêtés autorisant les travaux!

Ce fut le cas lors de la construction du barrage du Gabas, situé à cheval sur les départements des Hautes-Pyrénées et des Pyrénées-Atlantiques. Le réservoir de 20 Mm^3 d'eau, qui a inondé 245 ha de milieux naturels, a été principalement élaboré « pour étendre de 3000 ha les surfaces irriguées sur le bassin de l'Adour, déjà passablement envahi par le maïs », selon Martin Arnould, chargé du programme Rivières vivantes au WWF. Lors du lancement de ce chantier, les surfaces de maïs avaient déjà été multipliées par trois sur le bassin de l'Adour depuis 1980, atteignant plus de 160000 ha. L'ouvrage était porté par les conseils généraux, à travers l'Institution Adour, et réalisé par la CACG. En 1999, les opposants au barrage créent l'association Gabas Nature et Patrimoine. Au tribunal administratif, ils attaquent d'abord la déclaration d'utilité publique, ensuite le projet lui-même, au titre de la loi sur l'eau de 1992, et enfin la convention de concession d'aménagement signée avec la CACG, pour absence de mise en concurrence. Pour ce troisième recours, les opposants obtiennent gain de cause devant la cour administrative d'appel de Bordeaux... en mars 2007! Trop tard, car le chantier est terminé et le barrage inauguré par la FDSEA et les élus quatre mois plus tard.

Mais l'exemple le plus parlant pour les écologistes tarnais est celui du barrage de Fourogue, car, comme celui de Sivens, il est porté par le conseil général du Tarn et la CACG. Barrant la rivière Vère à son amont, il est situé à une trentaine de kilomètres à l'est du site de Sivens. Les objectifs officiels de ce réservoir de 1,3 Mm^3 sont également les mêmes: appui à l'irrigation, essentiellement, et soutien d'étiage pour la qualité de la rivière. Comme pour Sivens, c'est la CACG qui a réalisé les études (1990), évalué les besoins et proposé la réalisation du barrage. Pour défendre les 41 ha de terres agricoles de première catégorie qui sont menacées d'ennoiement et proposer des alternatives, l'association Vère Autrement est créée, regroupant notamment des élus locaux. Lorsque, fin juillet 1997, la préfecture publie deux arrêtés autorisant le projet, l'association dépose aussitôt plusieurs recours, dont une requête en sursis à exécution auprès du tribunal administratif de Toulouse. Le 22 septembre, les travaux commencent. Mais le tribunal donne raison à l'association le 16 octobre 1997 et ordonne la suspension du chantier. Ne tenant aucun compte de cette décision de justice, la CACG et le conseil général, déjà présidé par Thierry Carcenac, poursuivent les travaux jusqu'à la mise en service du barrage durant l'été 1998! Durant le chantier, rien ne les arrêtera: ni les constats d'huissier, ni une ordonnance spéciale du tribunal, ni un arrêté préfectoral demandant la suspension des travaux... En 2013, pour imposer le barrage de Sivens, Thierry Carcenac ne cessera pourtant de répéter que «le département du Tarn inscrit son action dans le respect de la légalité».

En janvier 2001, le tribunal administratif prononce l'annulation de l'arrêté préfectoral du 31 juillet 1997 déclarant l'utilité publique et l'intérêt général du barrage de Fourogue. En conséquence, depuis sa mise en service il y a maintenant dix-sept ans, «le réservoir a été exploité de manière provisoire», comme l'avoue la CACG, toujours propriétaire de l'ouvrage, dans le nouveau «dossier d'enquête publique préalable à la déclaration d'intérêt général de l'aménagement». Thierry Carcenac l'a confirmé lui-même en session publique du conseil général le 3 avril 2014: «C'est un barrage qui n'existe pas, nous en sommes au 17e avenant.» Cette nouvelle enquête publique, qui devrait avoir lieu en 2015, vise à ce que le barrage soit déclaré d'intérêt général dix-huit ans après avoir été réalisé par un passage en force...

Cet exemple illustre bien la nécessité de réformer le droit administratif afin que les jugements aient lieu *avant* la réalisation des travaux. Même si l'adage «l'ouvrage public mal planté ne se démolit pas» est désormais contredit par des décisions récentes du conseil d'État, il n'est pas souhaitable que des ouvrages publics contestés devant les tribunaux soient réalisés à la va-vite, puis condamnés et enfin démolis. L'argent public est une ressource suffisamment précieuse pour que l'on évite au maximum de le gaspiller.

Au contraire, le bon sens serait plutôt de faire en sorte que tous les recours réalisés avant les travaux soient suspensifs, tout en laissant inévitablement un délai suffisant (deux mois par exemple) entre les arrêtés préfectoraux et le début possible des travaux. Évidemment, cela impliquerait que les recours soient jugés plus rapidement, dans un délai d'un an maximum, par exemple. Pour cela, il faut donner plus de moyens à la justice. Quand on voit les moyens publics mobilisés pour réprimer des mouvements citoyens comme à Sivens, avec plus de deux cents gendarmes mobiles et un hélicoptère, on imagine aisément que des transferts de moyens publics sont possibles.

Dernier espoir (déçu) : le Conseil d'État

C'est donc pour éviter une nouvelle victoire à la Pyrrhus que le Collectif Testet et d'autres associations requérantes[10] décident de ne pas attendre des jugements « au fond », deux ou trois années plus tard, au moment où le barrage de Sivens risquerait d'être déjà mis en service. Défendus par une avocate engagée, Maître Alice Terrasse, ils déposent un recours suspensif dès novembre 2013. L'objectif est d'obtenir une suspension de l'arrêté autorisant les travaux, et donc le chantier lui-même, jusqu'à la décision au fond, quelques années plus tard. La mauvaise nouvelle tombe le 10 décembre 2013 : le tribunal administratif annonce le rejet du référé suspensif. Le plus désespérant est que le juge ne motive pas son rejet,

10. Les Amis de la Terre Midi-Pyrénées, France Nature Environnement Midi-Pyrénées, Lisle Environnement, Nature & Progrès Tarn, Sauvegarde de l'environnement en pays rabastinois (Sepra) et Union protection nature environnement Tarn (Upnet).

se contentant d'écrire qu'aucun argument avancé par les associations « n'est propre à faire naître un doute sérieux quant à la légalité de l'arrêté ». Il fait même du zèle en condamnant les associations à verser 1200 euros au conseil général du Tarn pour les frais juridiques. Écœurées, n'acceptant pas une décision de justice qui ne soit pas soutenue par une argumentation rigoureuse, celles-ci décident de se pourvoir en cassation devant le Conseil d'État, même si l'espoir est mince. Quatre mois plus tard, « considérant qu'aucun de ces moyens [les arguments des associations] n'est de nature à permettre l'admission du pourvoi », le Conseil d'État décide, sans l'argumenter juridiquement, de ne pas admettre le pourvoi...

Ces décisions de justice non motivées sont totalement méprisantes à l'égard de tout le travail argumenté fourni par les associations, leur réseau juridique et leurs avocats. Elles ne font que décourager l'action juridique des associations comme moyen de s'opposer à des projets contestés. S'ajoutant au passage en force des pouvoirs publics pour autoriser la construction du barrage malgré tous les avis défavorables, ces jugements iniques donnent finalement raison à celles et ceux qui ne font plus confiance aux institutions politiques et judiciaires, et qui considèrent que seule l'action de résistance sur le terrain peut réussir à empêcher ces projets. Comment s'étonner alors que, au lendemain de la signature inacceptable des arrêtés par la préfète, des citoyens aient décidé d'occuper le futur site du chantier de barrage de Sivens ?

CHAPITRE 5
UN BEL ALIBI VERT POUR MIEUX DÉTRUIRE LES DERNIERS ESPACES NATURELS

Elle a été neuve et vivante avant de devenir publique et abandonnée. Depuis cette fin d'octobre 2013, elle est à nouveau vivante et rajeunie ! C'est dans cette ancienne ferme, la Métairie Neuve, que se sont installés les premiers occupants venus défendre la zone humide du Testet… et une autre vision du monde. À la mort des anciens paysans qui l'habitaient, les prairies qui l'entourent devaient être achetées par le jeune Pierre Lacoste. C'était dans son projet d'installation quand il a repris la petite ferme de ses parents, à quelques centaines de mètres. En 2002, le conseil général du Tarn commençait déjà à planifier le barrage de Sivens et a donc a eu la priorité pour l'achat de la dizaine d'hectares et des modestes bâtiments. Dans l'attente du futur chantier, les prairies ont été mises à disposition de Pierre Lacoste et d'un autre éleveur voisin contre leur entretien. La ferme, elle, devenue patrimoine public, a été laissée à l'abandon par l'institution départementale.

Pendant quelques week-ends d'octobre 2013, une trentaine de personnes viennent joyeusement réparer le toit percé, sortir des sacs de poussière, équiper la maison d'un poêle à bois, installer de quoi s'asseoir et dormir. Ils viennent d'horizons différents : écolos, anars, paysans, parfois membres d'associations, de comités de soutien à Notre-Dame-des-Landes ou de squats collectifs toulousains. La majorité arrive des communes locales, d'autres du sud du Tarn, quelques-uns de Toulouse ou de l'Aveyron. Tous sont déterminés à résister pacifiquement mais avec détermination au passage en force des pouvoirs publics. « Le processus qui a conduit aux arrêtés de déclaration d'intérêt général de d'utilité publique met en évidence, comme pour la plupart des grands projets inutiles et imposés, la collusion d'intérêts d'affairistes privés et publics », dénoncent-ils sur l'acte de naissance du collectif informel[11] « Tant qu'il y aura des bouilles, il n'y aura pas de barrage ! ». Une « bouille », en patois local, est une « terre qui ne vaut rien » et c'est le terme qu'avait utilisé une élue locale pour qualifier la zone humide du Testet.

Chaque dimanche, ils sont nombreux à venir soutenir les deux ou trois volontaires occupant la maison en permanence. Après avoir partagé un repas, les présents, réunis en assemblée générale, se donnent pour but de « s'émanciper des formes de gouvernance oppressive et de délibérer des questions qui, en principe dans une démocratie, reviennent aux citoyens ». La parole est libre, l'écoute réciproque, dans un esprit de tolérance et de recherche du consensus.

D'ambiguës captures d'espèces protégées

Le 13 novembre 2013, quand les techniciens de capture stationnent leur voiture à proximité de la zone humide, l'alerte est donnée par la sentinelle. Les quelques personnes occupant la ferme sont vite rejointes par des opposants locaux. Tous ensemble, ils encerclent sans violence les trois techniciens et leur expliquent qu'ils ne pourront pas travailler. Pendant que la préfecture demande aux gendarmes d'intervenir, le Collectif Testet informe les journalistes.

11. Pour une présentation détaillée de ce collectif de soutien à la ZAD du Testet, voir https://tantquilyauradesbouilles.wordpress.com

La dizaine de militants n'oppose aucune résistance physique aux gendarmes qui les prennent par le bras pour les ramener à la route, mais, à peine relâchés, ils retournent encercler les techniciens. Pour mettre fin à ce jeu incessant du chat et de la souris, la préfecture envoie le peloton de surveillance et d'intervention de la gendarmerie (PSIG) de Gaillac (les Robocop de la gendarmerie!), ceux-là même qui joueront un rôle essentiel dans la répression des opposants en septembre et octobre 2014. Mais, ce jour de novembre 2013, ils restent dans leurs véhicules. La présence des médias locaux (France 3, *La Dépêche du Midi, Le Tarn libre*, la radio 100%) incite la préfecture à la prudence. Elle veut apparemment éviter des images de brutalités qui donneraient un écho plus fort à cette lutte locale. Après trois heures de *statu quo*, techniciens, gendarmes et PSIG repartent sans qu'aucun animal n'ait pu être prélevé. Première victoire pour les opposants! Le lendemain matin, une dizaine d'opposants s'apprête à répéter l'opération quand les techniciens reviennent avec quelques gendarmes. Mais, cette fois-ci, ils sont accompagnés d'un huissier envoyé par la CACG afin de dresser un constat officiel stipulant que ses techniciens sont empêchés de travailler. Dix minutes plus tard, ils repartent tous, accordant une deuxième victoire aux défenseurs de la zone humide du Testet.

Cette résistance à la capture d'espèces protégées n'est pas toujours bien comprise. Certains croient que les techniciens de capture, souvent considérés comme des naturalistes, ce qu'ils sont effectivement, viennent prélever des animaux pour les étudier ou pour réaliser l'étude d'impact du projet de barrage. Mais ce travail d'analyse de l'état initial de la flore et de la faune et des impacts envisagés a déjà été réalisé en 2010 et légèrement complété durant l'été 2013. Le dernier inventaire officiel répertorie côté faune 94 espèces protégées, parmi lesquelles des insectes (cordulie à corps fin, azuré du serpolet, laineuse du prunellier, sphinx de l'épilobe, grand capricorne, agrion de Mercure, damier de la succise), des amphibiens (crapaud commun, diverses espèces de grenouilles, salamandre tachetée, triton palmé), des reptiles (lézard des murailles, lézard vert occidental, diverses espèces de couleuvres, orvet fragile), des oiseaux (plus de 40 espèces), des mammifères (campagnol amphibie, musaraigne aquatique, hérisson d'Europe, écureuil roux, genette commune, et 18 espèces de chauves-souris) et un vertébré aquatique, la lamproie de Planer. Côté flore, 353 espèces de plantes vasculaires ont été recensées sur le site d'étude, mais aucune ne bénéficie d'un statut de protection. En revanche, 15 sont considérées comme rares dans la majeure partie de la région.

Non, ces techniciens ne sont pas venus étudier des espèces protégées. Ces captures sont en fait, dans le jargon administratif, des mesures de réduction des impacts du projet sur les espèces animales protégées. En effet, depuis la loi du 10 juillet 1976, certaines espèces animales et végétales bénéficient d'une politique nationale de protection, afin de restaurer et de maintenir l'état de conservation de celles qui sont le plus menacées. Le code de l'environnement prévoit un système de protection stricte d'espèces sauvages dont les listes sont fixées par arrêté ministériel. Ces listes sont accessibles sur l'inventaire national du patrimoine naturel[12]. Pour pouvoir détruire légalement des spécimens d'espèces

12. Voir : http://inpn.mnhn.fr

protégées ou leur habitat, il faut obtenir une dérogation. C'est l'État qui accorde, ou pas, cette dérogation, à la suite d'une procédure administrative. Des conditions sont fixées au maître d'ouvrage, qui est ainsi tenu d'éviter, de réduire et de compenser les impacts négatifs sur les espèces protégées.

L'esprit de la loi fait appel au bon sens. Il part du principe que, dans des cas exceptionnels, pour des projets d'intérêt public majeur, la protection des espèces et de leurs habitats peut être levée s'il n'y a pas d'alternative possible. L'aménageur est donc censé tout faire pour éviter les impacts (en étudiant d'autres sites d'implantations par exemple), puis les réduire et, enfin, compenser ceux restant. Mais, trop souvent, comme dans le cas de Sivens, l'aménageur ne cherche pas éviter les impacts, et la dérogation se transforme en droit de détruire des espèces protégées avec un habillage vert financé par les contribuables.

Le rôle des zones humides

Le même type de règles s'applique d'ailleurs désormais pour les zones humides. Car il n'y a pas que dans le Tarn que les plus ignorants les considèrent depuis longtemps comme des terres qui ne valent rien. En France, près des deux tiers des zones humides ont disparu depuis le début du XXe siècle ; celles-ci ne couvrent plus qu'environ 2,5 % du territoire. La faute à l'intensification des pratiques agricoles, aux aménagements hydrauliques inadaptés et à la pression de l'urbanisation et des infrastructures de transport. Le 2 février 1971, 18 pays se réunissaient à Ramsar (Iran) pour conclure la Convention sur les zones humides. Chaque année, le 2 février est désormais la Journée mondiale des zones humides, elle est célébrée en France par des centaines d'animations locales[13]. Notre pays, partie prenante de la Convention de Ramsar, s'est engagé « à préserver les zones humides sur son territoire » et a lancé divers programmes de protection, amplifiés depuis le Grenelle de l'environnement de 2007.

Cette protection est profitable : l'intérêt des « services écologiques » que ces zones humides rendent aux humains est aujourd'hui bien établi. Celles-ci jouent notamment un rôle majeur en termes de stockage, de régulation et d'épuration de la ressource en eau. Elles constituent des habitats essentiels pour la conservation de la biodiversité. Théâtre du projet de barrage de Sivens, la zone humide du Testet est la plus grande du Tarn à inclure des prairies humides riches de 27 habitats différents. L'étude d'impact menée par les spécialistes a conclu qu'elle faisait « partie des zones humides majeures du département du point de vue de la biodiversité ». Avant le chantier, elle représentait une superficie de 18,8 ha, dont 68 % situés dans l'emprise du projet de barrage.

Tout comme pour les espèces protégées et leurs habitats, la CACG avait l'obligation légale de démontrer qu'elle n'avait pas d'autre choix que de détruire les deux tiers de la zone humide du Testet. Légalement, elle devait tout faire pour éviter les impacts négatifs, et donc étudier d'autres solutions que la construction d'un barrage. Si elle concluait que ce n'était pas possible, elle devait tenter de trouver un autre site moins riche écologiquement pour y réaliser l'ouvrage. Mais un barrage situé à Sivens étant pour elle l'option la plus intéressante financièrement, la CACG n'a pas étudié les alternatives.

13. Voir : www.zones-humides.eaufrance.fr

Constatant cette illégalité, le collectif Testet alerte les pouvoirs publics en 2013. Consulté en avril lors de la procédure de demande de dérogation à la loi sur les espèces protégées, le Conseil national de protection de la nature (CNPN) souligne que la CACG «ne démontre pas ainsi l'absence d'autres solutions alternatives». Hélas, le gouvernement ne tiendra pas compte de ces différentes alertes et la préfète accordera à la CACG, le 16 octobre 2013, la dérogation lui permettant de détruire la zone humide et les espèces protégées qui y vivent. Cet arrêté préfectoral précise même que la CACG démontre «qu'il n'existe pas de solution alternative satisfaisante au projet». Un an plus tard, les experts envoyés par la ministre Ségolène Royal concluront l'inverse: «Le choix d'un barrage en travers de la vallée a été privilégié sans réelle analyse des solutions alternatives possibles.»

L'argument fallacieux des mesures compensatoires

Si de nombreuses préfectures accordent avec tant de laxisme l'autorisation de détruire des espèces protégées ou des zones humides, c'est parce qu'elles ont un argument qui leur paraît imparable. Pour elles, il y a bien destruction irréversible d'espèces ou d'espaces en danger, mais cela ne pose pas de problème écologique, «car il y a des mesures compensatoires environnementales». En effet, après avoir tenté d'éviter les impacts (ce qui n'a pas été fait à Sivens, comme nous venons de le voir), l'aménageur doit les réduire et compenser les impacts restants. Les captures d'espèces protégées qui ont été empêchées par certains opposants dès novembre 2013 font partie de ces mesures de réduction des impacts. La logique est d'enlever le maximum d'animaux (reptiles, amphibiens) avant qu'ils ne soient écrasés par les engins de chantier lors du déboisement. Mais il s'agit malheureusement d'une obligation de moyens et non de résultats ! Un exemple : en mars 2014, des techniciens de capture se rendent sur la zone où des reptiles ont été observés lors de l'étude d'impact. Protégés par des gendarmes locaux, ils parcourent quelques centaines de mètres avec pinces et seaux. Peu importe qu'ils trouvent peu de reptiles du fait qu'à cette période ceux-ci sont en « hivernage » et donc invisibles pour la grande majorité d'entre eux : pour l'aménageur, le protocole a été respecté et la mesure de réduction des impacts, quoique inefficace, a bien été menée !

Réalisée ainsi, une telle mesure n'a scientifiquement aucun sens, selon Gilles Pottier, expert herpétologue à l'association Nature Midi-Pyrénées. Le Conseil scientifique régional du patrimoine naturel (CSRPN) et le CNPN ont d'ailleurs fortement dénoncé les mesures environnementales proposées par la CACG. Pour eux, « les mesures d'évitement, de réduction ou de compensation sont insuffisantes, irréalisables, inadéquates ou très hypothétiques ». Mais la préfète du Tarn a sans doute jugé que ces détails étaient bien secondaires lorsqu'elle a autorisé, en octobre 2013, la CACG à tout raser. Face à une mobilisation des opposants qui ne faiblit pas, en mai 2014, elle déclare même que le barrage de Sivens est un « projet environnemental exemplaire » !

Parmi les arguments avancés par la représentante de l'État dans le Tarn, il y a le fait que « 19,5 ha de zones humides seront reconstitués » comme mesure de compensation en complément de celles relatives aux espèces protégées. Selon le ministère chargé de l'Écologie, «les mesures compensatoires ont pour objet d'apporter une contrepartie aux impacts résiduels négatifs du projet [...]. Elles doivent permettre de maintenir, voire le cas échéant d'améliorer, la qualité environnementale des milieux naturels concernés à l'échelle territoriale pertinente». Quand il s'agit de la destruction d'une zone humide, comme à Sivens, la loi oblige à reconstituer des zones humides ailleurs, avec un ratio de 150%. Le barrage de Sivens aurait ennoyé 13 ha de zones humides, la CACG prévoyait donc de restaurer 19,5 ha de zones humides qui avaient été dégradées à neuf endroits de la région.

La première aberration était de remplacer une seule grande zone humide ancienne avec plusieurs écosystèmes complexes par neuf parcelles éclatées sur le territoire. On ne peut évidemment pas considérer que c'est équivalent. C'est comme si la magnifique cathédrale Sainte-Cécile, à Albi, était rasée et compensée par neuf chapelles dans les environs... Par ailleurs, à travers sa politique sur les zones humides, le conseil général du Tarn demande aux agriculteurs et aux aménageurs d'appliquer des ratios de compensation de 200 à 500%. Mais, pour son propre projet de barrage, il décide de limiter la compensation au ratio minimum légal de 150%!

Plus globalement, à Sivens comme à Notre-Dame-des-Landes ou à Roybon, où des zones humides sont également menacées, c'est l'efficacité même de la compensation qui est dénoncée. Et ce ne sont pas que des associations écologistes et naturalistes qui le martèlent. Dans son rapport «Évaluation du plan national d'action pour les zones humides 2010-2013 (PNZH)», le Conseil général de l'environnement et du développement durable (CGEDD, organisme ministériel) indique que, « d'une manière générale, les études disponibles convergent pour souligner la difficulté d'une mise en œuvre efficace et équitable de la compensation, celle-ci devant toujours être considérée comme un pis-aller ».

Une compensation logique... pour le portefeuille des promoteurs

La biodiversité étant très souvent sacrifiée sur l'autel d'un aménagement du territoire profitable à une minorité, les dérogations à la nécessaire protection des espèces ou des espaces menacés ne sont pas accordées de manière exceptionnelle. Les mesures environnementales affichées dans les dossiers servent donc bien souvent d'alibi écolo à des projets qui poursuivent la destruction des derniers espaces réellement sauvages. Pour preuve de cette absence de sincérité, lors du chantier, en septembre 2014, la CACG n'a pas hésité à défricher illégalement 1,5 ha de zones humides qui devaient être conservées, selon les termes de la dérogation accordée par la préfète. Le Collectif Testet et France Nature Environnement ont porté plainte ; une instruction est en cours.

La logique de la compensation est également très injuste, car celui qui a beaucoup d'argent reçoit ainsi le droit de dévaster un milieu riche en biodiversité puisqu'il suffit qu'il finance des mesures compensatoires un peu plus loin. Et c'est d'autant plus facile quand il s'agit, comme à Sivens, de l'argent des contribuables. Cette logique perverse est également illustrée par la réaction d'élus locaux favorables à l'autoroute A 831 (60 km entre Vendée et Charente-Maritime). Quand ils ont appris que la ministre de l'Écologie, Ségolène Royal, ne soutenait pas ce projet pour des raisons écologiques et économiques (un coût de 900 millions d'euros!), ils se sont empressés de dire que «cette autoroute est parfaitement compatible avec le marais poitevin» puisqu'il est prévu 125 millions d'euros d'ingénierie écologique[14].

Il faut que cette hypocrisie cesse enfin. La première mesure évidente serait que l'avis du CNPN, consulté lors de chaque demande de dérogation à la loi sur les espèces protégées, soit réellement suivi par les préfets. Il ne faut pas croire que ses membres (représentants des administrations, centres de recherche, parcs nationaux, organismes consulaires, associations) refusent toute dérogation. Quand il est démontré qu'il n'y a pas d'alternative et que les mesures de réduction et de compensation sont sérieuses, leur avis est normalement favorable. Et, en cas de refus, l'aménageur peut évidemment améliorer son projet et présenter une nouvelle demande qui sera étudiée par le CNPN. La loi devrait donc obliger les pouvoirs publics à respecter les analyses de cet organisme pluriel et, ainsi, à refuser toute dérogation à un projet tant que l'avis du CNPN est défavorable.

Face au déclin rapide des zones humides, il faudrait sans doute interdire pour une longue durée la destruction de celles qui sont les plus précieuses. Les plus vastes comme la Camargue ou le marais poitevin sont évidemment protégées de la destruction, même si les pratiques agricoles environnantes mettent encore en danger leurs écosystèmes fragiles. Mais les zones d'importance départementale comme celle du Testet, à Sivens, devraient aussi devenir des sanctuaires de la

14. «Autoroute A 831 : des élus en appellent à Valls contre Royal», *Le Journal du dimanche*, 29 juillet 2014.

vie sauvage. Cependant, nous n'arriverons pas réellement à freiner l'érosion actuelle de la biodiversité tant que l'être humain n'aura pas pris conscience qu'il fait partie de la nature et que sa survie en dépend. Alors il y aura un réel espoir que la société rejette un modèle économique dévastateur, en quête d'une croissance infinie dans un monde fini, et qu'elle aille vers un équilibre de long terme entre les activités humaines et une forte biodiversité. Pour mener cette transition économique et écologique, l'argent public doit être un levier puissant servant à montrer le chemin à l'ensemble des acteurs économiques. Nous verrons dans les prochaines parties que, dans le cadre du barrage de Sivens, les financeurs publics ont plutôt tendance à faire durer un système économique à bout de souffle.

CHAPITRE 6
L'EAU : LE PÉTROLE DU SUD-OUEST ?

Jeudi 23 janvier 2014 : premiers actes de violence sur le site de Sivens. En ce bel après-midi ensoleillé, il y a peu de monde dans l'ancienne ferme occupée. Le chantier de déboisement ne pouvant légalement avoir lieu avant le 1er février, l'occupation est *a minima*. Parmi les quelques personnes qui dorment à la Métairie Neuve, seules deux jeunes femmes sont présentes à cette heure. Soudain, elles entendent une tronçonneuse du côté des rives du Tescou, à 200 m de la ferme. Elles s'y précipitent à travers champs. À peine sont-elles parties que six véhicules 4 X 4 aux plaques d'immatriculation masquées arrivent en trombe dans la ferme. Une vingtaine d'hommes en sortent, armés de masses et de barres de fer. La plupart d'entre eux sont en treillis et portent des cagoules. En quelques minutes, la maison est saccagée. Portes et fenêtres sont arrachées. Le toit, restauré par les occupants, est percé. Le système électrique à base de panneaux solaires est arraché. Les gros bras jettent une dizaine de bouteilles de répulsif contre les murs et les sols. L'odeur est insupportable.

Ayant entendu au loin le fracas généré par les coups de masse, les jeunes femmes font demi-tour au pas de course. À leur arrivée, elles sont maîtrisées par plusieurs gaillards. Elles subissent des intimidations. D'autres « visiteurs » dégonflent les pneus des véhicules appartenant aux occupants pour les empêcher de les suivre. Puis soudain, au son d'un cor de chasse, la fin de l'opération est annoncée. Les gros bras retournent à leurs 4X4. L'attaque, méticuleusement préparée, a duré seulement cinq minutes. Une opération commando efficace : la ferme est devenue inhabitable pour un bon moment !

Les semaines précédentes, des actions avaient déjà eu lieu durant la nuit. Elles visaient des constructions réalisées par les occupants sur le site : une cabane en paille brûlée, des arbres accueillant des plateformes tronçonnés… Qui sont ces pro-barrage prêts à utiliser la violence et qui obligent les occupants à faire dorénavant des tours de garde, la nuit, pour lancer l'alerte en cas de nouvelle attaque ?

Le Tarn-et-Garonne dans le collimateur

Quand on pose cette question dans le milieu agricole, tous les regards se tournent vers le Tarn-et-Garonne (82). Y compris Philippe Jougla, le président de la FDSEA du Tarn (81), qui, interrogé début 2015 par *La Dépêche du Midi*[15] à propos des menaces envers les zadistes, répond : « Les agriculteurs du Tarn ont toujours su se montrer responsables. Mais après le 81, il y a le 82… »

L'aval du Tescou est situé dans le Tarn-et-Garonne, et c'est là que les grandes cultures irriguées, encouragées par la politique agricole commune, se sont le plus développées. Les agriculteurs de ce département, le plus irrigué de Midi-Pyrénées, sont habitués à un fort soutien de leur conseil général pour le développement de cette irrigation. Depuis les années 1990, le CG 82 a mobilisé de nombreux fonds publics afin de réaliser plusieurs barrages atteignant une capacité de stockage de plus de 23 millions de mètres cubes. Comme

15. « Toujours pas d'accord sur Sivens », *La Dépêche du Midi*, 13 janvier 2015.

nous l'avons vu dans les chapitres précédents, c'est le CG 82 qui a commandé à la CACG l'étude menée en 2001 sur le déficit en eau du bassin du Tescou et qui a recommandé le barrage de Sivens. Cette politique très volontariste de Jean-Michel Baylet, président du CG depuis 30 ans (après sa mère, qui l'a présidé à partir de 1970 !), est très bien relayée auprès de la population. Succédant à ses parents, Jean-Michel Baylet est en effet le propriétaire du principal quotidien régional, *La Dépêche du Midi*. Dès que nécessaire, des éditos et des articles s'apparentant plus à du publi-reportage qu'à un travail journalistique équilibré appuient la nécessité de faire un barrage à Sivens. Cette désinformation régulièrement imposée par le propriétaire discrédite malheureusement le bon travail des journalistes locaux de *La Dépêche* et entraîne des relations très difficiles avec certains zadistes.

Pour de nombreux agriculteurs tarn-et-garonnais, l'irrigation est donc une évidence. Pour eux, « l'eau est le pétrole du Sud-Ouest ! », comme le proclame la chambre d'agriculture du département. Mais ce qui fait que certains d'entre eux sont prêts à devenir violents pour obtenir plus d'eau, c'est la perspective de cultiver du maïs semences. La France en est le premier exportateur mondial, et les semenciers cherchent régulièrement de nouveaux producteurs. Demandant plus de travail et de technicité, c'est actuellement une culture très rémunératrice (environ 2 000 euros de marge/ha). Le hic, c'est que, pour signer un contrat avec un semencier, il faut lui garantir que l'on dispose d'au moins 2 500 m^3 d'eau à l'hectare. Or, le Tescou et ses affluents ne permettent pas de tels volumes durant l'été, quand les débits sont naturellement faibles dans cette région. C'est pourquoi ces agriculteurs demandent aux pouvoirs publics de financer des stockages d'eau sous forme de barrages ou de retenues collinaires. On voit bien l'intérêt que peuvent tirer d'un tel projet les producteurs de maïs semences. À partir de ce constat, la question que les opposants au barrage de Sivens posent est celle de l'intérêt général. Est-ce utile à la collectivité de soutenir des cultures d'exportation plutôt que celles dont se nourrit la population locale ? Est-ce pertinent d'encourager le maïs semences, qui implique une forte consommation de pesticides et d'engrais pour en garantir la qualité et la quantité ? Et suppose de devoir ensuite dépenser des fortunes (plus d'un milliard d'euros répercutés sur la facture d'eau des Français chaque année[16]) pour dépolluer l'eau ? Est-ce juste d'investir plusieurs millions d'euros de fonds publics pour moins de 10 % des agriculteurs du bassin, lesquels bénéficient déjà des meilleures terres situées dans la vallée ?

Les liens entre le projet de barrage de Sivens et la culture du maïs ont souvent été l'objet d'une grande confusion chez celles et ceux qui n'ont pu progresser dans les nuances de ce dossier. N'importe qui parcourant la N 999 entre Gaillac et Montauban ces dernières années aura constaté que le maïs reste une production minoritaire dans la vallée du Tescou. Certains considèrent donc que les opposants mentent en disant que le barrage serait destiné à la culture du maïs. D'autant que le premier rapport d'expertise, remis à Ségolène Royal en octobre 2014, montrait que la culture du maïs sur ce territoire est en nette régression (2 800 ha en 2000, 1 670 ha en 2010). Du côté du Collectif Testet, c'est au contraire la

16. « Coûts des principales pollutions agricoles de l'eau », Commissariat général au développement durable (CGDD), septembre 2011.

contradiction du constructeur de barrages, la CACG, qui est pointée du doigt. En effet, dans ses études pour justifier le barrage de Sivens, celle-ci basait ses calculs de besoin en eau sur la prédominance du maïs dans le bassin du Tescou. Le maïs étant la culture la plus gourmande en eau pendant l'été, la CACG faisait ainsi gonfler le déficit en eau et rendait donc indispensable la réalisation d'un gros barrage à l'amont du bassin. En toute logique, si le conseil général du Tarn ne souhaitait pas relancer le maïs irrigué sur le bassin, il lui fallait revoir les calculs de la CACG à la baisse. Mais c'est une question à laquelle il a refusé de répondre, comme pour les autres points sensibles. Pour sa part, la chambre d'agriculture du Tarn affirme clairement que « la réalisation de la retenue de Sivens permettra, en sécurisant l'accès à l'eau, [...] le développement des productions de semences (maïs, fourragères, potagères). On estime à 80 ha la surface supplémentaire pour ces cultures grâce au lac, pour 14 exploitations[17] ».

Thérondel : un précédent surdimensionné

Pour satisfaire cette demande d'irrigation sur l'aval du Tescou, le CG 82 a financé un barrage qui a été mis en service en 2009. Situé sur le Tescounet, le principal affluent du Tescou, le barrage de Thérondel était prévu dans le plan de gestion des étiages du Tescou (PGE) comme premier ouvrage, à compléter par celui de Sivens (ou celui de l'Hirondelle, au cas où le projet de barrage de Sivens serait abandonné). Son volume utile est de 820 000 m³ répartis

17. « Apportez votre soutien pour le projet de retenue de Sivens avant le 7 octobre ! », *Le Paysan tarnais*, 27 septembre 2013.

en deux tiers pour l'irrigation et un tiers pour le soutien d'étiage. Il a fallu que le Collectif Testet saisisse la Commission d'accès aux documents administratifs pour enfin disposer des bilans officiels réalisés par le CG 82. Il en ressort que le remplissage hivernal du barrage est difficile. En 2012, faute de pluies suffisantes durant l'hiver et le printemps, il n'a été rempli qu'à 50 %. La moitié seulement du volume prévu pour l'irrigation (540 000 m^3) par la CACG dans son étude de 2001 est consommée chaque année. Ceci même quand il n'y a pas de restrictions, comme lors de l'étiage 2011, qui était pourtant une année sèche. Là aussi, le Collectif Testet a utilisé ce bilan négatif pour alerter, début septembre 2013, les conseillers généraux sur les « erreurs » de calculs de la CACG, mais sans succès. Ne consommant que la moitié du volume prévu, la petite vingtaine d'irrigants tarn-et-garonnais, qui bénéficient déjà de l'eau venant du barrage de Thérondel, n'a aucune raison de réclamer l'eau prévue dans le barrage de Sivens. Mais face aux difficultés de remplissage des barrages, de l'ordre d'une année sur cinq, il n'est pas impossible qu'ils exigent en fait un surdimensionnement des ouvrages pour ne prendre aucun risque que l'eau manque pour l'irrigation. Ce qui reviendrait à faire assumer à la collectivité des dépenses publiques et des coûts environnementaux plus élevés pour qu'une minorité d'agriculteurs puissent signer des contrats juteux de maïs semences chaque année, quelle que soit la météo hivernale. L'état de notre environnement et de nos finances publiques, ainsi que la fragilité de nombreuses fermes, rend évidemment inacceptable une telle exigence au profit de quelques-uns, qui sont déjà parmi les mieux lotis.

Un barrage pour une vingtaine d'irrigants

Les agriculteurs qui seraient officiellement bénéficiaires du projet de barrage de Sivens sont situés le long de la partie amont du Tescou. Certes, il y a bien quatre ou cinq irrigants tarn-et-garonnais concernés, mais il est peu probable que ce soit pour eux seulement qu'il y ait une telle mobilisation de la FDSEA et de la chambre d'agriculture de ce département. Les irrigants qui pompent chaque année dans le Tescou côté Tarn ne sont guère plus nombreux. Ils étaient douze seulement à demander une autorisation de prélèvement à la préfecture en 2014. Traditionnellement, cette partie du bassin est composée d'éleveurs de vaches à lait et, de plus en plus, de vaches à viande. Ici, l'irrigation concerne en priorité le maïs ensilage pour nourrir le bétail ou le maïs grain pour les éleveurs de canards. Parmi les rares irrigants tarnais de la vallée du Tescou qui réclament ouvertement le barrage de Sivens, il y a une famille d'éleveurs avec un cheptel bovin de 150 bêtes et 80 porcs. Le père et le fils exploitent 87 ha, « la moitié en céréales d'hiver (maïs, sorgho, orge tropicale), l'autre moitié à la luzerne[18] ». Étant parmi les très rares agriculteurs de la vallée à ne pas disposer de réserves d'eau sur leur ferme, ils risquent effectivement d'en manquer l'été pour l'irrigation. Les prix de la viande étant trop bas, la pression économique est pour eux très forte, et la moindre sécheresse peut mettre leur ferme en danger.

Le Collectif Testet n'a jamais nié qu'il y ait des cas particuliers qui nécessitent un appui public, mais il lui semble cependant plus pertinent de puiser d'abord

18. « À Sivens, la colère gronde aussi chez les agriculteurs », *La Croix*, 3 novembre 2014.

dans les réserves voisines, sous-utilisées, ou de réaliser une petite réserve de 50 000 m³ sur cette ferme, directement. C'est également le type de solution prioritaire pour un autre cas minoritaire qu'est celui de ce maraîcher bio cultivant par ailleurs 5 ha de céréales. Il réclame d'autant plus le barrage de Sivens qu'il a récemment acheté des terres à un prix élevé, l'ancien propriétaire lui ayant « garanti » que le barrage pourrait bientôt venir irriguer les parcelles. Cet aspect foncier explique aussi la mobilisation de certains retraités qui n'irriguent plus, mais dont les terres prendraient beaucoup de valeur si elles devenaient irrigables grâce au barrage de Sivens.

Les oubliés des coteaux et des plateaux

Le volet agricole du barrage de Sivens ne serait pas complet si l'on ne parlait des oubliés du projet et de ses victimes. Parmi les centaines d'exploitations agricoles du bassin, la vingtaine d'irrigants de la vallée concernés par le barrage de Sivens ne sont pas ceux qui nécessitent le plus un appui public visant à maintenir de nombreuses fermes sur le bassin. Ce sont les agriculteurs installés sur les coteaux et les plateaux, plutôt difficiles à valoriser, qui font face à de vrais problèmes de survie. À titre d'exemple, un maraîcher possédant 1,5 ha a cessé son activité récemment car, n'ayant pas accès à l'eau sur les plateaux, il avait recours à l'adduction d'eau potable. Cette charge de fonctionnement élevée (3 000 euros/an) n'était pas compatible avec son activité. Une dépense publique de près de 9 millions d'euros était prévue pour l'investissement dans le barrage, mais elle n'aurait apporté aucun soutien à de nombreuses petites fermes fragiles. En revanche, pour les irrigants bénéficiaires, dans la vallée, l'investissement public aurait été de plus de 200 000 euros par ferme en moyenne !

C'est l'une des raisons pour lesquelles la Confédération paysanne, du Tarn, d'abord, puis à l'échelon national, a demandé de réévaluer le projet de barrage. Le deuxième syndicat agricole se bat notamment pour l'équité dans l'accès aux ressources, comme l'eau, mais aussi pour une répartition équitable des fonds publics. Il a cosigné, avec France Nature Environnement et le Collectif Testet, les propositions alternatives qui ont été faites à la ministre chargée de l'Écologie mi-janvier 2015. La Confédération paysanne du Tarn se mobilise également aux côtés de Pierre Lacoste. En juillet 2014, le conseil général lui a demandé de quitter les 7 ha de terres où il faisait paître ses bovins, sans aucune solution pour compenser cette perte importante. Résultat, il se retrouve avec seulement 38 ha pour son élevage, ce qui fragilise encore plus cette petite ferme, laquelle est pourtant un modèle social et environnemental à suivre. L'injustice apparaît d'autant plus profonde qu'un autre éleveur favorable au barrage bénéficie, lui, de compensations très avantageuses, que la Confédération paysanne du Tarn considère[19] comme du « clientélisme ».

Les solutions proposées par les opposants au barrage

Plutôt que de bénéficier à moins de 10 % des agriculteurs du bassin du Tescou, les millions d'euros d'argent public mobilisés pour réaliser le barrage de Sivens pourraient servir au plus grand nombre. Pour

19. Pour plus de détails sur les transactions financières en question, voir : « La CACG indemnise un seul éleveur », *La Dépêche du Midi*, 13 novembre 2014.

assurer l'avenir de nombreuses fermes diversifiées sur ce territoire, les opposants au barrage proposent deux axes principaux d'actions publiques.

Le premier concerne l'eau et le type de production envisagée. Il faut analyser les besoins en eau de tous les agriculteurs, et particulièrement ceux situés sur les coteaux et les plateaux du bassin du Tescou, les « oubliés » du projet aujourd'hui. Un ordre de priorité doit être donné à l'action publique afin qu'elle accompagne les fermes les plus fragiles, notamment les nouveaux installés. Le type de production doit être également un critère, car il va de soi que les consommateurs (qui contribuent fortement au budget des Agences de l'eau et donc des subventions qu'elles allouent ensuite) ont plus intérêt à soutenir des agriculteurs fournissant le marché local en produits biologiques que des exportateurs de maïs semences en culture chimique.

Une fois la demande en eau sur le bassin clarifiée, il importe d'identifier l'offre possible du fait des nombreuses réserves d'eau existantes, actuellement sous-utilisées. De 1985 à 2000, le bassin a connu un fort développement de retenues collinaires. Ces retenues artificielles, situées en fond de terrains vallonnés, sont alimentées naturellement en période de pluie par le ruissellement des eaux. Elles sont au nombre de 185 à 198 aujourd'hui, selon les sources, pour une capacité cumulée de 4,3 Mm^3. Les surfaces irriguées ont diminué d'un tiers entre 2000 et 2010, du fait, selon les experts envoyés par la ministre Ségolène Royal, de la chute du prix des céréales au cours des années 2006-2007. Cette chute a redonné un avantage aux cultures non irriguées, moins exigeantes en termes de charge de travail. Selon l'analyse de ces experts, il y aurait au moins 2,3 Mm^3 d'eau dans ces retenues collinaires qui ne seraient désormais plus utilisés chaque année. Pour les opposants au barrage, il est donc de bon sens de mobiliser d'abord cette « eau qui dort » pour approvisionner les irrigants.

Le problème est que la FNSEA ne veut pas entendre parler de cette solution, au motif que ce sont des ouvrages privés. Il n'est pourtant pas anormal que les pouvoirs publics tentent de mobiliser ces réserves sous-utilisées, puisqu'elles ont été financées en moyenne avec 55 % de fonds publics. L'idée n'est évidemment pas de les réquisitionner, ce serait juridiquement impossible, mais bien de passer des contrats d'achat d'eau avec leurs propriétaires, d'une part, et de financer les tuyaux et les pompes nécessaires à leur raccordement avec les irrigants, d'autre part.

Ayant eu peu de temps pour étudier cette option, et en butte à la pression de la FNSEA qui s'y oppose, les experts ont proposé de mobiliser 100 000 m^3 à partir de quelques réserves d'ici à l'été 2015. Pour eux, le potentiel maximum serait de 200 000 m^3 à l'amont du Tescou. Pour les opposants, au minimum 300 000 à 400 000 m^3 de cette « eau qui dort » doivent être mobilisables à terme à travers une politique publique volontariste et une incitation à la solidarité entre agriculteurs. Il n'est pas acceptable que l'on veuille créer de nouveaux ouvrages qui coûtent cher aux contribuables et qui impactent fortement l'environnement sans avoir d'abord essayé d'optimiser ce qui existe déjà.

L'autre axe principal aurait pour but de desserrer l'étau économique qui écrase actuellement une grande majorité des agriculteurs. Selon Sylvain Doublet, agronome et bénévole de FNE Midi-Pyrénées, les fermes de taille moyenne (50 à 80 bovins ou 60 à 80 ha de grandes cultures) sont celles à qui aucune solution durable n'est proposée par les politiques publiques ou le marché. Les plus grandes exploitations se battent sur le marché mondial avec le soutien des banquiers et des spéculateurs. Les plus petites trouvent des solutions en améliorant la valeur ajoutée de leurs productions (transformation et vente directe). De taille inadaptée au regard de ces solutions, les fermes de taille moyenne tentent de survivre en augmentant la densité d'animaux ou en privilégiant les cultures à haute valeur ajoutée (les semences par exemple). Dans les deux cas, cette intensification se fait au détriment de l'environnement et conduit donc à de nouvelles normes environnementales qui ne sont pas, économiquement, plus applicables que les précédentes. Surtout, ce n'est qu'un piège qui entraîne de nouveaux investissements, de nouveaux emprunts, et la moindre baisse des prix de vente déclenchera une nouvelle crise et la disparition des structures les plus fragiles (l'agriculture française perd 30 000 actifs par an).

Une solution gagnant-gagnant : développer les filières locales

Pour mettre fin à cette impasse économique pour les agriculteurs comme pour la société, qui doit ensuite en assumer les impacts sociaux et environnementaux, les opposants au barrage demandent aux pouvoirs publics de développer les filières locales. Devant fournir la restauration collective publique, les collectivités territoriales sont chaque année de très gros acheteurs alimentaires. À travers des contrats de longue durée, de nombreux agriculteurs du bassin du Tescou (éleveurs, maraîchers, céréaliers) pourraient fournir les cuisines centrales qui préparent les repas pour les collèges, les lycées, les écoles primaires, les résidences de personnes âgées, etc. L'argent public doit donc prioritairement servir à structurer les filières, et notamment être investi dans les infrastructures (abattoirs, légumeries, stockage). Seule cette alternative garantirait vraiment des revenus stables et rémunérateurs aux agriculteurs sur le long terme. Elle répondrait d'ailleurs aux nouvelles attentes de la population : relocalisation de l'économie, alimentation de qualité, réduction des transports de longue distance...

Depuis 2013, le Collectif Testet et ses partenaires spécialisés, comme Nature et Progrès et la Confédération paysanne, tentent de convaincre le conseil général et le conseil régional que l'argent public prévu pour le barrage de Sivens serait plus utile à de nombreux agriculteurs si ces alternatives étaient mises en œuvre. Ils valorisent les succès de villes comme Lons-le-Saunier (Jura) et Munich (Allemagne) qui ont mis en place des filières biologiques locales pour préserver les captages d'eau potable. Leurs responsables politiques, novateurs en la matière, ont démontré que cela coûtait beaucoup moins cher à la collectivité de prévenir les pollutions en soutenant les agriculteurs dans leurs changements de pratiques que de dépolluer l'eau. En Midi-Pyrénées, des initiatives se développent également avec succès. À Lannemezan (Hautes-Pyrénées), la cuisine centrale de l'hôpital prépare 3 000 repas/jour, y compris pour les cantines scolaires. Ces repas sont composés, pour partie, de produits issus de l'agriculture biologique et fournis par des agriculteurs bio locaux. La demande est là, elle n'attend que la volonté politique pour être mise en œuvre, progressivement, mais sans abandonner au moindre obstacle comme on le constate encore trop souvent. L'étude « Quelle autonomie alimentaire pour le département du Tarn[20] ? » a révélé que la restauration collective tarnaise représente environ 700 établissements (scolaires, crèches, cliniques, entreprises, administrations), lesquels servent près de 70 000 repas par jour !

La FNSEA veille au grain

La sécurisation des débouchés permettrait également aux agriculteurs du bassin d'expérimenter des techniques agronomiques innovantes afin de réduire la consommation d'intrants (engrais, pesticides, eau, énergie) et, ainsi, de diminuer les charges assumées par les agriculteurs. Elle serait aussi probablement le moyen le plus sûr de tenir économiquement dans la durée face à l'instabilité du climat, qui s'ajoute désormais à la volatilité des prix sur les marchés nationaux et mondiaux. Il suffit de voir les visages souriants des agriculteurs qui témoignent, dans une belle vidéo réalisée par la Fondation Nicolas-Hulot[21], de leur expérience avec la ville de Lons-le-Saunier pour se convaincre que c'est bien une des solutions d'avenir pour l'agriculture à taille humaine. Pour les personnes qui ont eu l'occasion de partager le désarroi paysan, il est très émouvant de voir ces agriculteurs jurassiens être fiers de fournir les cantines scolaires voisines et de rendre les élèves heureux de ce qu'ils mangent. C'est finalement un juste retour à la finalité première de l'agriculteur, du paysan, qui est de nourrir sa famille et la population qui l'entoure.

---

20. Enquête menée par la Scop Sapie en avril 2013.

21. Voir « La restauration collective responsable, une solution pour contribuer à la dynamique des territoires », www.fondation-nicolas-hulot.org

La vocation exportatrice de l'agriculture, pour nourrir le monde, est un leitmotiv répété à l'infini aux agriculteurs membres de la FNSEA et de sa branche «jeune», les Jeunes Agriculteurs. Dans de nombreux cas, les exportations entraînent au contraire une concurrence déloyale qui ruine de nombreux paysans et contribue à la faim dans le monde – laquelle touche majoritairement des paysans. Cette rengaine ne sert qu'à orienter les politiques publiques au profit d'une minorité d'agro-managers et de professionnels de l'industrie agroalimentaire. Xavier Beulin, président de la FNSEA et du groupe Sofiprotéol/Avril, qui, grâce à ses huiles (Lesieur, Diester, etc.), a réalisé un chiffre d'affaires mondial de 7 milliards d'euros en 2013, en est la meilleure illustration. Craignant à juste titre une réorientation de la politique agricole au détriment de l'agriculture industrielle qu'il représente, Xavier Beulin déteste les écologistes et la Confédération paysanne. Au point de déraper souvent, comme lorsqu'il a traité les opposants au barrage de Sivens de «jihadistes verts»! Comment s'étonner ensuite que des membres des FDSEA 81 et 82 mènent des actions violentes pour s'en prendre aux occupants de la ZAD de Sivens, comme l'opération «manche de pioche» du 18 décembre 2014?

Depuis quarante ans, la politique agricole française, cogérée par la puissante FNSEA, a été un échec considérable tant au niveau social qu'environnemental: disparition d'un million d'emplois, endettement excessif conduisant à de nombreux suicides[22], consommation massive de pesticides et d'engrais

22. Un suicide tous les deux jours en moyenne. Le suicide est la troisième cause de décès dans le monde agricole, après les cancers et les maladies cardiovasculaires, selon une étude de l'Institut national de veille sanitaire (INVS) en 2013.

chimiques conduisant à de nombreux cancers, à la pollution de l'eau[23] et des aliments, destruction des sols, érosion de la biodiversité, etc. En luttant contre le barrage de Sivens, les militants, d'origines diverses, se battent aussi contre ce modèle agricole dangereux et coûteux. En réclamant que l'argent public accompagne d'autres pratiques économiques et agronomiques, ils agissent pour que l'agriculture paysanne agroécologique ou biologique ne soit pas qu'un beau discours de conférence environnementale.

Les changements nécessaires viendront aussi par le biais d'une démocratisation des instances agricoles afin que les organisations écologistes et les associations de consommateurs puissent contrebalancer la toute-puissance de la FNSEA, laquelle bénéficie de nombreux relais politiques. Comme on peut l'observer à Sivens, les tenants de la politique de la FNSEA n'hésiteront pas à utiliser la violence pour l'emporter. La lutte sera donc difficile, mais elle est nécessaire pour réconcilier l'agriculture et la société. Et la victoire est possible !

---

23. Le bassin Adour-Garonne est parmi les champions de la contamination des cours d'eau aux pesticides, selon une étude publiée par le Commissariat général au développement durable (CGDD), relayée par France 3 Midi-Pyrénées (29 juillet 2013).

CHAPITRE 7
PETITS ARRANGEMENTS FINANCIERS ENTRE AMIS

La Métairie Neuve étant devenue inhabitable, les occupants décident de s'installer sur une parcelle du conseil général. Ils choisissent celle prévue pour servir de parking aux engins du chantier, à proximité du site prévu pour la digue. Durant le week-end des 25 et 26 janvier, grâce à plusieurs dizaines de personnes motivées, le camp « la Bouillonnante » voit le jour ! Une maison en bois et en paille sert de dortoir pour quelques occupants. Un chapiteau de cirque est utilisé comme pièce commune, notamment pour les assemblées générales qui ont lieu chaque dimanche. Il accueille également la cuisine collective. En vue de réduire l'empreinte écologique du camp et afin de protéger la prairie, des toilettes sèches sont aménagées et de la paille est disposée sur les chemins d'accès.

Chaque week-end de février est l'occasion d'augmenter l'hébergement grâce à la construction de tipis et de yourtes. Mais aussi, et surtout, l'occasion de débats de fond, d'ateliers de partage de savoir-faire, comme la fabrication de Flex-Yourtes, l'organisation de spectacles gratuits, etc. Situé au carrefour permettant de rejoindre la Maison forestière, ce lieu accueillant est découvert par nombre de passants. Il n'y a alors aucune barricade et chacun est invité à venir discuter avec la dizaine d'occupants. Les gendarmes locaux s'y arrêtent souvent, les relations sont cordiales et ils sont invités à partager un café – qu'ils refusent, de peur, sans doute, d'être accusés de « complicité avec l'ennemi »... Les conditions de vie ne sont pas faciles durant l'hiver, mais le moral est bon. Le plus dur reste les tours de garde, la nuit, que se répartissent les occupants et leurs soutiens locaux afin de prévenir toute nouvelle attaque surprise d'un commando pro-barrage.

Gendarmes nerveux contre « zone à défendre »

Le 23 février 2014, en tant que membres du Collectif Tant qu'il y aura des bouilles, les occupants écrivent une lettre ouverte au président du conseil général du Tarn, dans laquelle ils lui proposent « d'élaborer ensemble, pour la zone humide du Testet, un projet alternatif et pédagogique de sauvegarde s'inscrivant dans un modèle de société viable et durable, écologiquement et socialement, qui soit aussi de nature à sécuriser les revenus des exploitants de la vallée ».

La réponse du conseil général ne se fait pas attendre : quatre jours plus tard, vers 8 h 30, une centaine de gendarmes mobiles encerclent la Bouillonnante. Les occupants n'opposent aucune résistance physique lorsque l'huissier et le représentant de la préfecture leur signifient l'expulsion. Ils retirent leurs affaires personnelles des habitations et les déposent sur la route. Des salariés du conseil général démontent et emportent le chapiteau, tandis qu'une pelleteuse détruit la maison en bois. Progressivement, une soixantaine de défenseurs de la zone humide arrivent à se rendre sur place, à pied, les routes étant bloquées par les forces de l'ordre. Malgré la colère palpable consécutive à la destruction des habitations, les militants restent calmes, en face-à-face avec la ligne de gendarmes mobiles. Les affaires privées et collectives sont transportées sur la parcelle du dessous, appartenant à l'Office national des forêts (ONF), non concernée par l'expulsion.

Soudain, l'un des occupants sort d'une haie et se positionne sur le tas de planches et de verre issu de la destruction de la maison en bois. Il ne cherche pas à monter sur la pelleteuse à proximité mais, immobile sur ces décombres, semble seulement vouloir affirmer qu'il restera sur la parcelle malgré le saccage préfectoral en cours. Au lieu de venir calmement à deux gendarmes le prendre par les bras et le ramener de l'autre côté du cordon, un sous-officier du peloton de surveillance et d'intervention de la gendarmerie (PSIG) d'Albi court vers lui et le fait tomber en arrière en le saisissant par le bras en pleine course. L'occupant chute sur le sol boueux puis est transporté par les bras et les jambes.

Devant une telle réaction, disproportionnée, une vingtaine de militants s'engouffrent à travers le cordon de gendarmes pour aller le soutenir et stopper le travail de la pelleteuse. Quelques gendarmes du PSIG, en civil, se montrent très violents. Des militants sont arrachés du bras de la pelleteuse et jetés sur le tas de gravats qui regorge de bois et de verre pointus et tranchants. Les gendarmes demandent au chauffeur de la pelleteuse de manœuvrer le bras mécanique alors que des manifestants sont encore dessus ! Il n'y a heureusement que des blessés légers. Lorsque l'occupant est menotté puis traîné dans la boue, le groupe tente de s'interposer, mais doit finalement reculer devant les jets de gaz lacrymogène. Les gendarmes mobiles arrivent à remettre en place leur cordon et l'expulsion se termine sans tensions. L'occupant menotté est emmené en garde à vue. Abusivement inculpé pour « violence sur agent », il sera relaxé le 18 décembre 2014 par le tribunal correctionnel d'Albi. Un nouveau campement s'installe l'après-midi du 27 février sur la parcelle de l'ONF.

Les images de ces violences perpétrées par les gendarmes sont diffusées sur Internet. Plus de cinquante personnes arrivent en renfort en une semaine! Le site est devenu une ZAD, «zone à défendre», et s'étend. L'ancienne ferme Métairie Neuve, où l'odeur des répulsifs répandus un mois plus tôt a disparu, est réoccupée. S'y installent des militants visiblement plus expérimentés et aptes à résister à des expulsions musclées. Ils aménagent par exemple des chicanes afin d'obliger les conducteurs à ralentir, notamment pour réduire les risques d'accident avec les nombreuses personnes qui marchent régulièrement sur la petite route longeant la zone humide.

Le déboisement retardé

Le déboisement est prévu entre le 10 et le 31 mars. Au-delà, du fait de la nidification d'oiseaux protégés, il n'est pas autorisé par l'arrêté préfectoral, et ce jusqu'au 31 août. Les zadistes savent donc qu'ils doivent tenir seulement quelques semaines de plus avant une longue pause dans la lutte sur le terrain. Des barricades mobiles sont prévues à chaque accès à la zone de chantier. Elles sont mises en place lorsqu'un grand nombre de gendarmes sont observés sur les routes à proximité, ce qui est assez rare en ce mois de mars. Des médiations sont tentées sans succès. Présent dans le Tarn le lendemain de l'expulsion du 27 février, l'eurodéputé écologiste José Bové vient soutenir les opposants et demande au ministre chargé de l'Écologie, Philippe Martin à cette époque, de lancer une médiation. Mais ce dernier ne réagit pas. Le

10 mars, le Collectif Testet écrit à la préfète et au président du CG 81 : « Des affrontements risquent d'avoir lieu. Ce projet de barrage ne justifie pas que des personnes soient blessées, que ce soient des forces de l'ordre, des personnels travaillant sur le chantier, des anti-barrage ou des pro-barrage. » Thierry Carcenac répond que c'est l'État qui est chargé du maintien de l'ordre public, mais la préfète, elle, ne prend même pas la peine de répondre à ce courrier, une fois de plus ! Le Collectif écrit également au Premier ministre pour lui demander d'appliquer à Sivens la même règle qu'à Notre-Dame-des-Landes. Le 28 février 2014, Jean-Marc Ayrault avait en effet déclaré aux médias que « les recours déposés contre le projet de transfert d'aéroport de Nantes vers Notre-Dame-des-Landes devaient être examinés par la justice avant que les travaux ne puissent commencer », arguant du fait que « nous sommes dans un État de droit ».

Des procédures d'expulsion sont lancées contre les trois sites d'occupation (deux campements et la Métairie Neuve). Mais les occupants sont défendus par un groupe d'avocats animé par la compétente et déterminée Claire Dujardin. Les avocats obtiennent notamment des reports d'audience qui empêchent toute expulsion légale avant fin mars. Face à une petite centaine de zadistes déterminés, en pleine élection municipale difficile pour le PS, l'État et le conseil général décident *in fine* de ne pas tenter de déboiser par la force. Début avril, c'est officiel, il n'y aura pas de déboisement avant septembre. Sursis pour la zone humide du Testet et première victoire importante pour tous ses défenseurs !

Début avril, le Collectif Tant qu'il y aura des bouilles diffuse un communiqué : « Nous nous réjouissons d'avoir pu empêcher le déboisement, qui plus est sans qu'il y ait de blessé(e) grave. Nous avons conscience d'avoir causé du dérangement à des riverains et nous nous en excusons. Ceux-ci, au-delà de l'utilisation médiatique des pro-barrage, comprendront que s'il y avait eu déboisement et travaux, leur environnement serait profondément perturbé et que le dérangement, pendant deux ans, par des engins de chantiers, serait bien plus considérable. »

Preuve de leur sens des responsabilités, les occupants quittent volontairement une parcelle agricole qu'un éleveur (pro-barrage) doit réutiliser pour ses bovins. Ils passent même le détecteur de métaux sur les herbages pour s'assurer qu'aucune pièce métallique ne peut être malencontreusement avalée par les vaches. Alors qu'ils organisent un grand nettoyage collectif de la zone le week-end des 12 et 13 avril, la préfecture envoie des camions du conseil général dès le vendredi 11. Zadistes et employés y chargent alors, ensemble, ce qui servait de chicanes et de barricades mobiles. Mais la préfecture et le CG 81 manipuleront ensuite cette opération en dénonçant des opposants qui auraient prétendument laissé derrière eux « dix tonnes d'encombrants et de déchets », y compris « des bidons d'essence, d'huile et des bouteilles vides, ainsi que des boules de pétanque et des tas de cailloux ».

Pendant la trêve, le combat continue

Le 18 avril 2014, l'expulsion musclée du 27 février est jugée illégale par la cour d'appel de Toulouse, au motif que la décision était « liberticide, en ce qu'elle a validé la privation des appelants, sans motif légitime, d'un débat contradictoire [...] au cours duquel ils auraient pu faire valoir leurs droits ». Des débats, des ateliers, des concerts et autres moments festifs sont organisés sur place les 26 et 27 avril. Malgré la pluie et les contrôles par les gendarmes aux entrées, des centaines de personnes s'y retrouvent dans la bonne humeur. Sous la pression des pro-barrage, parmi lesquels la nouvelle maire de Lisle-sur-Tarn, Maryline Lherm, la préfète fait expulser les deux derniers lieux d'occupation le 16 mai. Plus de 150 gendarmes mobiles et un hélicoptère sont mobilisés pour évacuer la trentaine d'occupants non-violents encore sur place. Toutes les constructions du campement sont détruites et la Métairie Neuve est fermée avec des plaques de fer. Les potagers sont saccagés, le four à pain est muré. Les zadistes se donnent rendez-vous le 15 août pour tenter d'empêcher le déboisement planifié à compter du 1er septembre.

Durant cette trêve sur le terrain, le Collectif Testet continue à agir pour obtenir le gel ou l'abandon du projet avant la reprise des travaux début septembre. Des démarches sont menées au niveau régional, national et européen. Le 18 mars, le Collectif profite de la venue du président de la région Midi-Pyrénées, Martin Malvy, à Lisle-sur-Tarn pour l'interpeller, en tant que président du Comité de bassin Adour-Garonne, sur la pertinence du projet. Sur la place centrale du village, une salle de classe est installée afin d'organiser un cours de mathématiques. Devant les médias, des adultes et des enfants reprennent les calculs réalisés par la CACG en 2009 et démontrent à quel point l'étude justifiant le projet est bidon. C'est à son arrivée devant la salle municipale que j'arrive à apostropher Martin Malvy. Devant la caméra de France 3 Tarn, il accepte notre demande d'interroger l'Agence de l'eau sur le bien-fondé de cette étude. Le Collectif réitère sa demande par écrit. Martin Malvy tient parole, mais l'Agence de l'eau ne lui donne aucune réponse.

Après un courrier à la présidente de l'Agence et au cabinet de la nouvelle ministre, Ségolène Royal (son ministère étant l'organisme de tutelle des Agences de l'eau), les services de l'Agence envoient finalement une réponse de deux pages, hors sujet. Dès la nomination de Ségolène Royal comme ministre chargée de l'Écologie, le Collectif lui a écrit pour lui présenter la situation et solliciter un rendez-vous. Je rencontre sa conseillère pour la gestion de l'eau et un représentant des services début juin 2014. Le projet étant déjà autorisé par l'État, la ministre ne peut s'y opposer. Le ministère décide alors de demander aux services de l'État en région et dans le Tarn de répondre à nos arguments sur les aspects techniques (besoins d'eau actualisés, dimensionnement du projet, etc.) et financiers. Fin août, plusieurs sources me confirment que les services du ministère viennent de recevoir les derniers éléments et que ceux-ci sont en cours d'analyse. Mais cela n'a aucun impact sur le démarrage des travaux, le 1er septembre, ni sur la connaissance du projet par la ministre. Interrogée le 4 septembre par des journalistes, elle parle à deux reprises d'un barrage hydroélectrique !

L'affront fait à l'Europe

La démarche à l'échelon européen donne plus d'espoir. Plus on s'éloigne du Tarn, moins les administrations sont sous influence. Dès octobre 2011, l'eurodéputée EELV Catherine Grèze interpelle la Commission européenne *via* une question parlementaire. Pour elle, le projet de barrage ne respecte pas la directive-cadre sur l'eau (DCE). La Commission répond qu'il est trop tôt pour se prononcer, car le projet n'est pas encore autorisé. Deux ans plus tard, une fois les arrêtés préfectoraux publiés, l'eurodéputée questionne à nouveau l'instance européenne. Celle-ci estime qu'il y a un doute sérieux sur le non-respect de la DCE et décide de demander des garanties à la France. Les autorités françaises répondent seulement quatre mois plus tard, en mars 2014 (période prévue initialement pour le déboisement du site), espérant peut-être que le chantier serait suffisamment avancé pour justifier de ne plus pouvoir faire machine arrière... À la veille des élections européennes, Catherine Grèze arrive seulement à savoir que la Commission européenne analyse les réponses de la France.

À la suite des élections européennes, il est impossible d'utiliser l'appui des eurodéputés et les questions parlementaires tant que la nouvelle Commission européenne n'est pas formée. Le Collectif prend donc directement contact avec ses services fin juillet. Ceux-ci se limitent à dire que le dossier est en cours de traitement, mais précisent que le Collectif peut adresser des éléments à la Commission. Nous lui envoyons donc des arguments et l'alertons sur le démarrage du chantier de déboisement en septembre (l'appel d'offres diffusé par la CACG en juillet 2014 confirme ce calendrier). Mais, là encore, aucune décision officielle n'est prise avant le début des travaux. Il faut attendre que la nouvelle Commission européenne prenne ses fonctions, début novembre, pour que la décision tant attendue arrive enfin. Le 26 novembre 2014, elle annonce l'ouverture d'une procédure d'infraction contre la France pour non-respect de la DCE: «Les autorités françaises ont lancé le projet nonobstant la détérioration de l'état écologique de la masse d'eau qu'il est susceptible d'entraîner. »

À la même période, on apprend une information scandaleuse, rapportée par Alain Ciekanski, conseiller régional écologiste mobilisé avec efficacité contre le projet de barrage dès 2012 : lors d'une réunion, les services de l'État lui ont indiqué que, dès le 28 juillet 2014, la Commission européenne avait notifié au gouvernement qu'elle considérait que ses réponses n'apportaient pas les garanties du respect des directives européennes, ce qui ouvrait la porte à une procédure d'infraction. Quand le conseil général et la préfecture du Tarn ont démarré le chantier, le 1er septembre, avec l'appui des forces de l'ordre en grand nombre, ils savaient pertinemment qu'ils risquaient une procédure d'infraction et la perte des fonds européens. Ils ont donc décidé d'aller le plus vite possible, afin que le chantier soit considéré comme irréversible et que des financeurs publics nationaux soient obligés de compenser les fonds européens perdus.

Un financement Feader indu

Ce passage en force des représentants de l'État est également illustré par tout le processus conduisant au versement d'un financement européen Feader à la CACG pour le projet de barrage. La journaliste Jade Lindgaard (Mediapart) a relaté en détail ce feuilleton « exemplaire de l'égarement auto-entretenu de la puissance publique sur ce dossier[24] ». En effet, le Collectif Testet a pris contact avec l'administration étatique à toutes les étapes du processus : instruction, réunion de décision à propos du financement, validation par

24. « Le barrage de Sivens, l'Europe et l'État têtu », Mediapart, 19 décembre 2014.

le préfet de région gestionnaire des fonds Feader, versement de la subvention et contrôle. Chaque fois, le Collectif a argumenté sur l'incompatibilité de cette subvention Feader avec le barrage de Sivens.

Fin 2011, un rapport des ministères chargés de l'Agriculture et de l'Écologie[25] faisait le point sur plusieurs projets de barrage, dont celui de Sivens. À propos de ce dernier, il était écrit : « Le recours à un financement européen est conditionné au fait que les superficies irriguées ne soient pas accrues. Dans l'hypothèse alternative, [...] le plan de financement devrait être modifié. » Or, plusieurs sources, notamment le dossier d'enquêtes publiques, démontraient une augmentation des surfaces irriguées. L'alerte du Collectif était donc argumentée et appuyée par un rapport interministériel. Malgré cela, chaque service de l'État a botté en touche, renvoyant sur l'étape d'avant ou sur celle d'après pour garantir la compatibilité du financement. Le préfet de région n'a pas daigné répondre, mais il a validé le financement fin 2013. Alertée début 2014 par Catherine Grèze, la Commission européenne a renvoyé à juste titre vers l'État français, qui est responsable de la vérification de la compatibilité des subventions Feader. Le lendemain de la mort de Rémi Fraisse, les experts envoyés par Ségolène Royal donnaient raison au Collectif Testet : « Il existe un véritable problème de compatibilité entre le projet, tel qu'il est actuellement présenté, les règles d'intervention du Feader et les règles applicables en matière d'aides publiques. »

25. « Retenues de stockage d'eau Bassin Adour-Garonne », Mission conjointe du Conseil général de l'environnement et du développement durable (CGEDD) et du Conseil général de l'alimentation, de l'agriculture et des espaces ruraux (CGGAAER), nov. 2011.

Cet exemple illustre bien la situation ubuesque par laquelle se décide une subvention publique gérée par l'État quand le projet est défendu par... l'État! Dès que le dossier est sensible politiquement, on voit que les fonctionnaires n'ont plus la capacité d'instruire le projet de manière neutre. La participation d'ONG à des réunions durant le processus ne permet pas d'écarter des projets incompatibles, comme l'a montré là aussi le dossier de Sivens. Ma présence à la réunion de validation du financement, au nom de FNE Midi-Pyrénées, a certes permis d'animer la séance, mais une seule voix défavorable ne change rien au résultat. Il ne m'a pas été possible d'accéder au dossier d'instruction, seule manière pourtant de vérifier si la préfecture du Tarn y avait menti pour permettre à la CACG d'obtenir la subvention indue. Pour éviter ce genre de dérive, une institution indépendante devrait être mise en place et disposer de la capacité de recevoir des alertes d'associations et d'entreprises, à partir desquelles elle pourrait rapidement enquêter sur la compatibilité réelle des subventions.

L'Agence de l'eau trouble

Le principal financement public, celui de l'Agence de l'eau (plus de 4 millions d'euros), pose également le problème de l'indépendance de la décision. Là aussi, le Collectif Testet a alerté sur l'incompatibilité de la subvention du barrage de Sivens avec les règles édictées par l'Agence. Là encore, il n'a pas été écouté lors des décisions, mais son analyse a été reconnue pertinente par les experts envoyés par la ministre. Même si elles sont soucieuses de diplomatie avec leurs collègues de l'Agence de l'eau, leurs critiques sont sans appel:

« L'inscription du projet dans le protocole "irrigation" et sa conformité au PGE ont conduit à un examen superficiel du dossier lui-même. La vigueur du débat sur l'irrigation en Adour-Garonne a fait de la réalisation du barrage de Sivens un symbole qui dépasse les services instructeurs. »

Comment s'étonner que les fonctionnaires de l'Agence ne bloquent pas le financement d'un tel projet lorsque l'on observe la composition des organes de décision ? En effet, comme nous l'avons vu au deuxième chapitre, des représentants de la CACG occupent des postes stratégiques au sein de l'Agence de l'eau, que ce soient certains de ses administrateurs (André Cabot, Henri-Bernard Cartier) ou ses directeurs successifs. Pour un projet aussi politique, tout fonctionnaire qui soulèverait une incompatibilité avec le financement prendrait un risque important pour la suite de sa carrière. Le 4 novembre 2013, rappelons-le, lors de la réunion du conseil d'administration de l'Agence qui a validé le financement du barrage de Sivens, plusieurs hauts fonctionnaires de l'État ont appuyé l'accord de subvention. Le sentiment d'impunité est tel qu'André Cabot et Henri-Bernard Cartier, administrateurs de la CACG, se sont permis de voter cette subvention en faveur de la CACG... Seul Frédéric Caméo-Ponz, représentant de Nature Midi-Pyrénées, a repris les arguments du Collectif Testet. Isolé, il sera le seul à voter contre la subvention. Un an plus tard, d'autres hauts fonctionnaires de l'État, les experts envoyés par la ministre, lui donneront raison.

À la date où je termine la rédaction de ce livre, il est impossible de savoir si les dysfonctionnements de l'État dans la gestion de la procédure administrative et des autorisations de subventions du barrage de Sivens vont entraîner des changements à l'avenir. Malgré la médiatisation de ces erreurs manifestes lors du tourbillon médiatique qui a suivi la mort de Rémi Fraisse et la publication du premier rapport d'experts, aucune enquête administrative ne semble avoir été décidée. Le risque est donc élevé que toutes les leçons ne soient pas tirées[26] et que l'État continue d'être complice de détournements d'argent public au profit d'intérêts privés et, par conséquent, au détriment de l'intérêt général. Comme la Commission européenne l'a souligné, l'État français a autorisé un projet qui ne respectait pas les règles européennes. Nous allons voir dans le prochain chapitre qu'il a également mené ou soutenu des actions de répression et de terreur inacceptables dans un pays qui se prétend démocratique.

26. Après la publication du rapport annuel de la Cour des comptes, qui épingle la gestion des Agences de l'eau, Ségolène Royal a cependant fait une déclaration, le 10 février 2015, qui pourrait jouer un rôle positif : « La prévention des conflits d'intérêts sera par ailleurs renforcée par de nouvelles règles qui seront édictées avant l'été par décret. »

CHAPITRE 8
UNE RÉSISTANCE NON-VIOLENTE SÉVÈREMENT RÉPRIMÉE

Le rendez-vous était annoncé, il a été tenu. Une trentaine de personnes ont répondu à l'appel du Collectif d'occupants Tant qu'il y aura des bouilles de démarrer une réoccupation du site du chantier à compter du vendredi 15 août 2014. Beaucoup d'entre eux étaient déjà présents sur la ZAD durant des périodes plus ou moins longues, entre octobre 2013 et le 16 mai 2014, lors de la précédente expulsion. Ayant entendu parler de cette lutte «contre le barrage de Sivens et son monde» dans des rassemblements et festivals durant l'été, des nouveaux sont là aussi. Quelques gendarmes restent calmement à distance, car le rassemblement a lieu sur l'aire de pique-nique, à côté de familles en balade, il ne peut donc être ni interdit ni réprimé.

Anticipant cet appel public à réoccuper le site, la nouvelle maire de Lisle-sur-Tarn et le conseil général ont publié de nombreux arrêtés interdisant la circulation et le stationnement sur toutes les routes proches du chantier, ainsi que le bivouac sur toute la zone. «Tout attroupement et rassemblement diurne et nocturne» sont également interdits! Cela permet aux gendarmes, entre autres, de contrôler les identités ou de saisir du matériel de camping, ce dont ils ne se privent pas. De même, dès le 12 août, le conseil général a envoyé du personnel couper les arbres qui accueillent encore des plates-formes depuis la résistance du mois de mars. Il a fait également déverser un énorme tas de gravier sur la route descendant de la Maison forestière afin de réduire les accès au futur chantier.

Pendant une semaine, la présence régulière des gendarmes sur les routes et dans les bois complique la réoccupation par les zadistes, qui sont de plus en plus nombreux. Mais le soir du vendredi 22 août, la Bouillonnante, cette parcelle du conseil général expulsée illégalement le 27 février, est à nouveau occupée. L'installation d'une caravane sans roues, de toilettes sèches et d'une cuisine extérieure en fait un hébergement qui nécessite une procédure d'expulsion au tribunal si son implantation a au moins 48 heures d'existence. L'expulsion est donc possible pendant le week-end, sans décision des juges, mais la préfecture semble craindre une forte résistance. En effet, le même week-end, le Collectif Testet organise un rassemblement à quelques kilomètres de là. Expositions, vidéos sur les bonnes pratiques agricoles, débats, ateliers de résistance non-violente et concerts attirent plusieurs centaines de personnes. Pour le Collectif Testet, il s'agit de remobiliser membres, associations et syndicats partenaires avant le risque de déboisement annoncé pour le 1er septembre.

Des modes d'action multiples et complémentaires

La résistance prend des formes multiples durant la semaine du 25 août. Le lundi, des dizaines de gendarmes locaux sont présents à proximité de la parcelle occupée et dans les bois à la recherche de cabanes dans les arbres. Le face-à-face reste globalement calme, sauf lorsqu'un camion du conseil général passe avec le butin récolté par les gendarmes: palettes, rondins destinés à la construction de plates-formes. Quelques zadistes arrivent à l'arrêter, une bousculade a lieu, et il faut l'intervention de membres du Collectif

Testet pour apaiser la situation et empêcher des arrestations. Le 26 août, des zadistes commencent à organiser la défense de la zone humide en plaçant des barricades aux différentes entrées. À l'arrivée des gendarmes, certaines sont enflammées. Un zadiste impliqué dit que ce sont les barricades qui vont faire venir les médias nationaux et faire éclater au grand jour ce projet scandaleux. Un hélicoptère survole la zone. La tension monte et des membres du Collectif, identifiables à leur gilet jaune, jouent de nouveau les médiateurs. Le même jour, les associations régionales FNE, Nature Midi-Pyrénées et le Collectif Testet déposent un recours suspensif devant le tribunal administratif de Toulouse. Ils attaquent la dérogation à la loi sur les espèces protégées et donc, par ricochet, la possibilité légale de défricher la zone humide. De manière incompréhensible, étant donné que le défrichement doit prendre fin vers le 20 septembre, l'audience est fixée au... 26 septembre. Finalement, à la demande des associations, le président du tribunal avancera la date au 15 septembre.

Le 27 août, quatre membres du Collectif Testet, dont je fais partie, démarrent une grève de la faim devant le conseil général. Puisque les nombreux courriers et les «casserolades» organisées bruyamment devant la maison du département en janvier et juin 2014 n'ont pas permis d'obtenir un minimum de transparence sur le dossier, cette action ultime est décidée. Nous écrivons à Thierry Carcenac que «les grévistes poursuivront leur grève de la faim jusqu'à l'obtention d'un débat public contradictoire avec le conseil général permettant d'obtenir des réponses précises aux questions rappelées ci-dessus». Comme nous l'avons vu dans le troisième chapitre, face au mépris antidémocratique de Thierry «Thatchercenac», les derniers grévistes, Roland Fourcard, Christian Conrad et Gilles Olivet, ont dû jeûner respectivement 61, 55 et 50 jours!

Le 28 août, la Confédération paysanne du Tarn organise une conférence de presse dans la ferme de Pierre Lacoste, paysan victime du projet. Huit tracteurs, des banderoles, des journalistes locaux et le soleil donnent encore plus de visibilité à cette action forte de soutien. Le vendredi 29, le tribunal d'Albi décide la relaxe de trois zadistes accusés par les gendarmes de jets de pierres, sans que des preuves aient été apportées. Le Collectif Testet appelle à un rassemblement le week-end à la Maison forestière de Sivens pour soutenir les grévistes de la faim. Le conseil général prend aussitôt un arrêté y interdisant l'accès. Cela n'empêche pas près de deux cents personnes (particuliers, associations départementales, régionales, Confédération paysanne du Tarn et de l'Aveyron, élus EELV, PC, PG, NPA...) de se retrouver l'après-midi du dimanche 31 dans un champ prêté par Pierre Lacoste. Une trentaine de personnes se relaient ensuite toute la nuit, de façon à être prêtes à lancer l'alerte en cas d'arrivée nocturne d'engins de chantier par cette entrée située au lieu-dit Barat. La pression est très forte, sachant que le démarrage du chantier de déboisement est prévu pour le lendemain matin!

Un chantier sous haute protection

Le 1er septembre, vers 8 heures du matin, environ 130 gendarmes mobiles (GM) arrivent par l'autre entrée principale, celle qui se trouve du côté de la N 999, reliant Gaillac à Montauban. Le blocage des entrées par des voitures et des tracteurs empêche le passage des gros engins mais pas le démarrage du chantier de déboisement. En effet, les GM utilisent le gaz lacrymogène, et même le Flash-Ball pour les plus résistants au gaz, afin d'obliger les opposants à reculer. Ils tronçonnent des barricades, « sécurisent » une parcelle de bois et font ensuite entrer une dizaine de bûcherons marocains employés par la société Sebso, un sous-traitant de la CACG. Durant cette première journée, dix personnes sont violemment interpellées dont trois, ayant réussi à dépasser le cordon des GM, sont envoyées en garde à vue pour « violence et opposition à des travaux publics » (elles seront condamnées ensuite à 15 jours de prison avec sursis). Plusieurs zadistes sont blessés par les tirs de Flash-Ball et beaucoup souffrent de brûlures dues à la forte concentration de gaz lacrymogène. Là encore, un hélicoptère survole en permanence le chantier et confère à la zone une ambiance de guerre, avec ses détonations, ses cris et ses équipes médicales ramenant des blessés. Quand on sait à quel point le projet n'est pas d'intérêt général et que l'on assiste à un tel passage en force *via* une incessante répression, on a du mal à croire que l'on est dans la France de 2014.

Les forces en présence sont disproportionnées : une centaine de personnes non-violentes ne peuvent résister à une centaine de GM très bien protégés et suréquipés. Le chantier avance donc comme prévu, si l'on en croit le commandant de gendarmerie Sylvain Renier, interviewé dans les médias. Ces affrontements attirent des médias nationaux, notamment TF1 et France 2, qui parlent pour la première fois de cette lutte au journal de 20 heures. La communication devient une arme aux mains de l'État. La direction de la gendarmerie répétera en boucle que des manifestants jettent de l'acide sur les forces de l'ordre. Elle ne présente aucune preuve, ne montre aucun blessé, et personne n'a vu de traces de ce liquide dangereux sur les boucliers des GM. Est-ce vrai ? Un ou deux crétins ont-ils été capables d'aller jusqu'à cet extrême ? Et de mettre leur entourage et eux-mêmes en danger en manipulant de l'acide ? Toujours est-il qu'il ne sera pas nécessaire de le démontrer pour faire basculer l'opinion publique du côté des forces de l'ordre. Quiconque a déjà vu des images d'une personne victime d'un jet d'acide ne peut apporter son soutien à un manifestant utilisant ce procédé, quelle que soit la cause défendue, fût-elle la plus noble. Le doute subsistant, il serait intéressant que des journalistes fassent la lumière sur cette question et qu'une enquête sérieuse démêle le vrai du faux à propos de cette supposée pratique que les pouvoirs publics ne se privent pas de dénoncer dans les médias, comme on l'a vu à Sivens mais aussi à Notre-Dame-des-Landes et ailleurs.

Il faut attendre le dimanche 7 septembre pour voir un regain d'énergie dans la résistance sur le terrain. La semaine qui prend fin a été démoralisante pour tous. Face à une telle répression et avec le bruit des tronçonneuses qui font tomber les arbres les uns après les autres, beaucoup d'opposants sont découragés. Pire, depuis le 3 septembre, plusieurs engins de défrichement sont entrés en action et le saccage écologique s'accélère. Cette vision d'énormes machines arrachant les arbres comme des brins d'herbe est terrifiante. La stratégie des pouvoirs publics semble fonctionner. Harcelés physiquement (ce sont parfois les GM qui viennent les provoquer quand ils se reposent sous leur chapiteau !) et minés par cette dévastation, quelques zadistes commencent à partir.

Mais la mobilisation, elle, s'élargit. Plus de 150 citoyens tarnais sont présents le 6 septembre sur la place du Vigan, à Albi, pour soutenir les désormais sept grévistes de la faim. Le Collectif Testet invite à un grand pique-nique familial le dimanche sur les bords de la zone humide du Testet. Son appel[27] s'adresse à toutes celles et tous ceux qui luttent pour une autre agriculture, contre les projets inutiles et imposés qui détournent l'argent public des vraies priorités sociales et environnementales, pour la pénalisation des crimes et délits portant atteinte à la santé publique et à l'environnement, contre l'oppression d'une jeunesse engagée et porteuse d'utopies...

Plus de mille personnes se rendent au pique-nique, une mobilisation sans précédent! Au-delà de l'opposition au barrage de Sivens, la répression et l'attitude antidémocratique des dirigeants politiques indignent de plus en plus de citoyens. Résistants sur le terrain, associations environnementalistes et altermondialistes, Confédération paysanne et partis politiques prennent la parole pour appeler à la mobilisation. Venu une nouvelle fois apporter son soutien, José Bové attire des médias nationaux bienvenus pour couvrir les débats de fond et pas seulement les affrontements de la semaine. Alors que l'organisation des actions du lundi matin est en discussion entre une centaine de personnes, on apprend que Ségolène Royal s'est exprimée à propos de Sivens le jour même, depuis Rochefort. Elle a demandé «à ce que le conseil général du Tarn vérifie que les conditions que le ministère met sur les retenues de substitution soient remplies» et appelé à ce que «le dialogue puisse se renouer avec

27. Voir l'appel repris pour le dimanche suivant sur www.collectif-testet.org/actualite-214-14-09-tous-au-grand-pique-nique-familial.html

les associations». Tard dans la soirée, nous allons nous coucher avec l'espoir que l'intervention de la ministre de l'Écologie entraînera une suspension du chantier et le lancement d'un dialogue, enfin!

Matraques et gaz lacrymogène

Le lendemain matin, à 6 h 30, toutes les entrées du chantier sont bloquées par des voitures et des tracteurs. Positionné avec quelques opposants au bord de la nationale par où les gendarmes arrivent habituellement, je m'attends à ce qu'ils constatent ce blocage et, compte tenu des propos de Ségolène Royal la veille, qu'une délégation soit accueillie en préfecture. Mais une fois stationnés sur les bas-côtés, les dizaines de GM qui sortent des bus courent vers nous, les premiers criant «Dégagez!». Habillé de mon gilet jaune, je tente de les calmer mais reçois en retour des coups de matraque sur les jambes et l'ordre de dégager de nouveau. Nous sommes poussés vers l'intérieur jusqu'au moment où nous rejoignons des dizaines d'autres opposants, dont plusieurs sont perchés en haut d'un trépied en bois de cinq mètres de haut.

Les GM sont très agressifs, et seul notre recul volontaire nous évite de prendre des coups supplémentaires. Mais ils s'aperçoivent que le blocage est solide: un couple de bœufs, puis des voitures, puis un tracteur, puis cinq zadistes enterrés jusqu'aux épaules dans la piste où doivent passer les engins de chantier... Leur façon de nous bousculer et l'ordre donné de faire venir une dépanneuse pour enlever les voitures nous font craindre qu'ils ne réussissent à ouvrir un passage par la force. Nous décidons d'envoyer une dizaine de voitures pour bloquer la nationale avant l'arrivée du convoi des engins de chantier. Cela fonctionne, le convoi se voit contraint de s'arrêter sur un parking. Pendant ce temps, les GM nous poussent jusqu'au niveau des cinq zadistes enterrés. Pour les protéger, une trentaine d'opposants s'assoient autour d'eux. Les GM forment alors un cordon autour de notre groupe. Le commandant de gendarmerie arrive et me demande de lever le sit-in, faute de quoi il donnera l'ordre de charger. Attendant le rappel du chef de cabinet de la ministre, je négocie vingt minutes de délai. Le commandant de gendarmerie m'en octroie généreusement dix. Heureusement, cet appel survient. J'actionne le haut-parleur de mon mobile, de façon à ce que cette conversation soit partagée par tous, y compris le commandant de gendarmerie. J'informe mon correspondant qu'il risque d'y avoir des militants écologistes blessés, que la ministre sera considérée comme responsable et que les télévisions sont déjà là... Il me répond qu'il va « faire un point de situation avec le préfet ». À partir de ce moment – il est à peu près 9 h 30 –, c'est le *statu quo* sur les points de blocage, à l'entrée du chantier et sur la nationale.

Des GM tentent de faire passer les bûcherons par les bois, mais ceux-ci sont accueillis par des zadistes qui leur lancent des cailloux. On entend des tirs de gaz lacrymogène tout près et l'atmosphère devient irrespirable. Heureusement, l'ordre semble être donné d'évacuer les bûcherons, et les projections de gaz disparaissent. Rien ne bouge ensuite jusqu'à 15 h 30, heure où nous apprenons que le convoi rebrousse chemin. La victoire semble acquise, mais nous nous méfions d'une tentative des GM de passer par une autre route. D'autres chauffeurs organisent alors un blocage sur cette route alternative... et bloquent le convoi qui arrive en effet dix minutes plus tard. Malgré l'hélicoptère qui survole la zone, nous avons réussi à les prendre de vitesse! L'excitation retombe cependant assez vite.

Vers 16 heures, une fois le dernier journaliste reparti avec sa caméra, les GM qui nous entourent se réorganisent et font une sommation. Puis ils chargent le groupe avec du gaz lacrymogène et le poussent sur le côté, n'hésitant pas à piétiner les cinq personnes enterrées! Une femme enterrée a perdu connaissance, elle est transportée rapidement aux urgences par les pompiers (la gendarmerie refusera ensuite d'enregistrer sa plainte). Devant l'horreur de la charge contre des personnes non-violentes, nous sommes choqués, en pleurs, incrédules. Les GM sont arrivés à faire entrer sur le site deux engins de déboisement, venus par une autre route. Cela n'a aucun intérêt de faire entrer des machines pour deux heures de travail, mais les pouvoirs publics veulent montrer que ce sont eux qui gagnent *in fine*.

Face à cette répression violente, nous sommes tous en colère, effondrés. Seule satisfaction: nous apprenons que notre mobilisation unitaire a non seulement sauvé un ou deux hectares de zone humide ce jour-là, mais qu'elle a surtout convaincu la ministre d'envoyer des experts pour réévaluer le projet, comme nous le réclamons depuis un an! Nous nous prenons à imaginer que cette mission d'expertise va entraîner une suspension du chantier... Nous allons, hélas, être une nouvelle fois être déçus.

Face à la répression sur place, des actions extérieures

Le lendemain, mardi 9 septembre, un blocage de route est de nouveau tenté, mais le convoi passe plus tôt et il n'y a pas assez de véhicules pour l'en empêcher. Beaucoup de manifestants avaient pris une journée de congé la veille, et ils sont rentrés chez eux le lundi soir. Devant l'impossibilité de résister au défrichement et face à une telle répression, de nombreux opposants décident de mener des actions à l'extérieur. Après un rassemblement devant le tribunal d'Albi, environ soixante-dix personnes se dirigent vers le conseil général afin de réclamer un débat contradictoire et la suspension du chantier. Elles pénètrent dans le bâtiment, s'assoient dans les couloirs et les escaliers et scandent « Moratoire ! Moratoire ! ». Une seule personne, le visage masqué par une écharpe, peint des tags sur les murs intérieurs. Pourtant reconnaissable à sa combinaison verte, elle n'est bizarrement pas interpellée par les forces de l'ordre ou les agents de sécurité. En revanche, une quarantaine de policiers virent les occupants *manu militari* en les traînant dans les escaliers. Bien que portant son écharpe d'élu régional et alors qu'il tente d'apaiser la situation, l'écologiste Guillaume Cros est jeté dans les escaliers par un policier. Idem pour un journaliste de Reporterre qui, bien qu'il ait montré sa carte de presse, est violemment expulsé des locaux. Des pots de fleurs sont renversés. Certains médias parlent ensuite de « saccage » du conseil général. Thierry Tchukriel, journaliste de l'hebdomadaire *Le Tarn libre*, restitue en détail[28] ce qu'il a vu. Il montre en particulier la réaction disproportionnée des forces de l'ordre, intervenues à la demande de Thierry Carcenac, alors en réunion à Paris avec Ségolène Royal.

28. www.letarnlibre.com/2014/09/10/1310-violences-entre-opposants-barrage-sivens-policiers-dans-enceinte-conseil-general-mardi-matin-que-est-reellement-passe.html

Une occupation démarre sur le parvis de la maison du département, avec distribution de tracts et plus tard de crêpes! Pour sa part, le Collectif Testet organise une action de «destruction symbolique du barrage de Fourogue pour rappeler que le Conseil général et la CACG gèrent un barrage illégal depuis 1997». Le mercredi, le Collectif et FNE Midi-Pyrénées informent le ministère qu'ils boycotteront la mission d'expertise si le chantier n'est pas suspendu. Lors du rendez-vous avec les experts, le jeudi 11 septembre, le chantier se poursuit de plus belle. Christian Conrad, gréviste de la faim, et moi-même rencontrons donc un expert devant la préfecture. Nous lui expliquons que, lorsqu'ils auront terminé leur mission, ce sera trop tard, tout sera détruit. Nous l'invitons à se rendre sur place. Il rentre en discuter avec son collègue expert… mais ne ressort jamais. Le lendemain, une audience a lieu au tribunal d'Albi à notre demande. La CACG ne bénéficie pas d'un arrêté de défrichement, selon FNE et le Collectif Testet, elle défriche donc illégalement et le tribunal doit ordonner la suspension du chantier. L'avocat parisien de la CACG plaide qu'elle «déboise» et non pas «défriche». La décision du juge est mise en délibéré au 16 septembre, suspens insoutenable, vu les enjeux. La pression est énorme, la répression et le saccage écologique continuent à Sivens. Depuis fin août, nous ne dormons que quelques heures par nuit et ne voyons pas comment enrayer ce rouleau compresseur infernal.

CHAPITRE 9
TERRORISER LES OPPOSANTS... JUSQU'À LA MORT

Le 9 septembre, nous apprenons par le magazine en ligne Reporterre[29] que Manuel Valls a soutenu le barrage de Sivens, le 6 septembre, en Gironde, lors d'un discours devant les jeunes agriculteurs affiliés à la FNSEA : « Mobiliser la ressource en eau est un élément décisif pour l'installation des jeunes agriculteurs, c'est pour cela que nous avons tenu bon à Sivens. Les travaux de ce barrage vont enfin commencer au terme de longues consultations et il s'agit là simplement d'appliquer le droit. » C'était la veille de l'appel au dialogue de Ségolène Royal.

Nous comprenons mieux pourquoi, au lieu d'avoir enfin un dialogue avec les pouvoirs publics, nous avons été réprimés le 8 septembre. Pourquoi aussi l'envoi des experts par la ministre ne stoppe pas pour autant le chantier. Manuel Valls veut que le projet continue, il l'a promis à la FNSEA et les consignes semblent être de poursuivre le défrichement, quel qu'en soit le prix à payer. De plus, quand il était ministre de l'Intérieur, il justifiait l'opération d'expulsion musclée à Notre-Dame-des-Landes en disant qu'« il est hors de question de laisser un kyste s'organiser ». Là-bas, les zadistes ont ensuite fait reculer le gouvernement Ayrault, l'obligeant à s'engager à attendre la fin de tous les recours juridiques avant de décider de la poursuite du projet. Devenu Premier ministre, Manuel Valls ne veut pas d'une deuxième ZAD qui gagne et bloque un

29. Grégoire Souchay, « M. Valls prétend que le barrage de Sivens servira à installer de jeunes agriculteurs », *Reporterre*, 9 septembre 2014.

nouveau « projet d'aménagement du territoire ». Pour lui et François Hollande, la propagation de ZAD serait un cauchemar puisque leur maigre espoir de maintenir un semblant de croissance est de relancer les grands chantiers publics, partout en France. Certes, un grand programme public d'isolation des maisons et des bâtiments serait bon pour l'emploi, pour l'environnement et pour réduire la précarité énergétique, mais ils préfèrent apparemment soutenir leurs amis bénéficiant des grands chantiers publics ! Manuel Valls ne veut pas que la ZAD du Testet sorte victorieuse et il est prêt à y mettre tous les moyens nécessaires.

Des milices armées, en toute impunité

Les pouvoirs publics constatent que, loin de s'essouffler comme ils le prévoyaient, la résistance se renforce : mille personnes au pique-nique du dimanche 7 septembre, blocage du chantier jusqu'à 16 heures le lundi grâce à une mobilisation unitaire sans précédent, deuxième occupation en pleine ville d'Albi, nombreux grimpeurs perchés dans les arbres à abattre, actions extérieures chaque jour, nouveaux recours devant les tribunaux... Pour éradiquer cette résistance citoyenne, une politique de la terreur se met en place durant la semaine. Sur le chantier, la violence redouble. Le GIGN intervient contre les grimpeurs et les tirs de Flash-Ball sont fréquents (un opposant est gravement blessé à la main). Les consignes données, par les gendarmes parfois, aux chauffeurs des engins de défrichement mettent en danger les grimpeurs. Chaque jour de chantier nous craignons que la mort frappe l'un des nôtres. Mais la répression se propage aussi en dehors de la zone du chantier. Les zadistes sont accusés d'avoir ouvert une volière de faisans le 7 septembre. Mille volatiles se seraient ainsi échappés de cet élevage situé à environ 2 km de la ZAD et la perte de chiffre d'affaires s'élèverait à 11 000 euros. La rumeur se diffuse comme une traînée de poudre : les zadistes s'attaquent aux fermes ! Des groupes d'agriculteurs s'organisent alors pour faire des rondes le soir et la nuit afin de « protéger les fermes ». Une page Facebook événement créée le mercredi 10 annonce : « Dimanche : battue anti-bobos à Sivens à l'occasion de l'ouverture de la chasse – Venez nombreux ! Beaucoup de bobos vous attendent ! Un bobo abattu = 1 cartouche offerte ! lol. »

Le lendemain soir, deux zadistes en voiture sont pris en sandwich puis attaqués sur une route proche de la ZAD. Une batte de base-ball s'abat sur le pare-brise, les vitres et les passagers (traumatisme crânien et multitraumatismes). Le vendredi 12, environ 130 agriculteurs et certains élus locaux se réunissent à Lisle-sur-Tarn en début de soirée. Selon le directeur de cabinet de la préfecture, Yves Mathis, joint vers minuit, ces personnes prévoyaient de « mener une opération » (probablement tenter de faire partir les zadistes), mais il les a convaincues d'annuler. Toujours est-il qu'une soixantaine d'entre eux forme une milice que l'on retrouve ensuite sur les routes autour de la ZAD, et surtout à proximité de l'élevage de faisans. Selon un témoin, ils sont armés de barres de fer, de manches de pioches et de torches. Une dizaine de gendarmes du peloton de surveillance et d'intervention de la gendarmerie (PSIG) sont à proximité et laissent faire. Une camionnette se rendant à la ZAD est bloquée par la milice, le chauffeur recule et tombe dans le fossé. Les passagers arrivent à fuir dans les bois juste avant que les miliciens ne fracassent le véhicule. L'un des zadistes, parti seul d'un côté, est ensuite interpellé par les gendarmes du PSIG, qui l'accusent d'avoir ouvert la fameuse volière de faisans... Les autres subissent une sorte de chasse à l'homme dans les bois jusqu'à 5 heures du matin avec tirs réguliers de coups de fusil. Ils arrivent à rejoindre la ZAD, terrorisés mais sains et saufs. Cette nuit-là, un coup de barre de fer sur la tête et le pire pouvait arriver!

Qu'elle soit seulement tolérée ou bien encouragée par les pouvoirs publics, cette milice a pour conséquence d'affaiblir la ZAD. Les soutiens locaux prennent le risque d'être agressés quand ils viennent livrer de la nourriture aux zadistes le soir. Pour les occupants, à la répression de la journée s'ajoute désormais la crainte que des miliciens entrent dans la ZAD, la nuit, pour les agresser. Ce vendredi soir, nous sommes quelques-uns à avoir été informés de la présence de cette milice et donc à avoir contacté la préfecture. Suite à notre demande, vers minuit, des gendarmes sont positionnés à plusieurs points d'accès qui étaient restés largement ouverts aux miliciens.

Tout opposant doit en payer le prix

Le samedi, le Collectif Testet s'assure auprès de la Fédération départementale des chasseurs que les consignes sont données pour qu'aucun chasseur ne s'approche de la ZAD le dimanche afin d'éviter tout problème après l'appel à la «chasse aux bobos». Le pique-nique réunit environ 800 personnes qui viennent aussi se rendre compte par elles-mêmes du désastre sur la zone humide. Des gendarmes contrôlent l'entrée, vérifient les papiers des véhicules et verbalisent autant que possible... pour pneus lisses, par exemple. L'idée semble être de décourager les gens de revenir à nos pique-niques. Même chose à Albi, où les personnes qui manifestent en klaxonnant leur soutien aux militants occupant le parvis du conseil général sont verbalisées pour usage abusif de l'avertisseur sonore (22 euros). Les propriétaires des véhicules ayant servi aux blocages de route reçoivent une amende pour stationnement dangereux de 135 euros!

Quand les engins reviennent sur le chantier le dimanche, vers 19 h 30, nous arrivons à bloquer temporairement la nationale tout en laissant une déviation pour les voitures. Mais les gendarmes arrivés en trombe bloquent la déviation et créent ainsi un bouchon. Trois pro-barrage sortent d'une des voitures coincées. Alors que je suis en train de rejoindre le copain qui fait ralentir les voitures pour éviter tout accident, l'un des pro-barrage m'insulte. Il m'attrape par le petit doigt... qu'il fracture aussitôt! Me tenant ainsi le doigt et le col de l'autre main, il menace de me jeter sous les roues des camions du convoi qui passe à un mètre de nous. De nombreux témoins n'osent intervenir. Quand deux motards de la gendarmerie qui accompagnent le convoi s'approchent, mon agresseur me lâche. Je recule et réussis à faire stopper un motard devant moi. Je lui demande de rester afin de me protéger de mon agresseur, que je lui désigne et qui me menace de mort. Le motard me répond: «C'est tout ce que vous méritez, vous ne voyez pas que vous empêchez les gens de rentrer de week-end avec leurs enfants!» Et il repart, me laissant avec mon agresseur et ses deux amis. Heureusement, deux opposants m'ont rejoint, la circulation repart en parallèle et l'agression s'arrête là. Je n'ose imaginer ce qui me serait arrivé si mon agresseur m'avait attrapé sur une petite route sans aucun témoin.

Il faudra une dernière agression d'une famille le lundi midi sur la route à proximité de l'élevage de faisans pour que la préfecture décide, semble-t-il, de prendre des mesures contre l'action de ces miliciens. Dans le même temps, des zadistes et des pro-barrage modérés se retrouvent pour une réunion d'apaisement. Cette rencontre jouera un rôle important pour calmer les tensions pendant plusieurs semaines. Si ce climat de terreur et cette répression physique et financière des opposants sont évidemment très difficiles à vivre, ils renforcent aussi la solidarité et l'indignation de plus en plus de Tarnais et à travers la France.

Les victimes deviennent coupables

La troisième semaine de chantier est, elle aussi, chargée en événements divers. Le lundi 15, 400 lycéens de Gaillac démarrent un mouvement de grève en soutien aux opposants au projet de barrage de Sivens. Ils se plaignent de l'attitude des gendarmes présents (surtout le PSIG de Gaillac) : bousculade, arrachage et confiscation de pancartes… D'autres lycéens d'Albi et de Castres rejoignent cette protestation dans la semaine. Après l'expulsion « négociée » de leurs campements, le mouvement s'essouffle. La répression a repris de plus belle sur un chantier qui s'accélère avant les décisions de justice. Dès le lundi matin, un opposant reçoit un tir de Flash-Ball à quelques mètres. Au même endroit, deux autres, pacifiques eux aussi, sont violemment plaqués au sol avant qu'un gendarme du PSIG n'en laboure un de coups de pied. Ce faisant, il blesse à la main le gendarme mobile qui était en train de « maîtriser » le manifestant. Les deux opposants sont placés en garde à vue 45 heures, puis jugés en comparution immédiate, accusés de violence, y compris d'avoir donné le coup de pied ! Le juge les condamne injustement à deux et quatre mois de prison avec sursis, plus un mois pour celui qui a refusé un prélèvement ADN. Les deux militants ont fait appel et utiliseront une vidéo qui les innocentera clairement.

Même injustice pour les recours déposés par nos associations. Dans l'affaire du défrichement illégal, le tribunal d'Albi se déclare incompétent (au profit du tribunal administratif) mais condamne FNE Midi-Pyrénées à 4 000 euros de frais à verser à la CACG ! Or, en l'absence d'arrêté de défrichement, le recours n'était pas abusif. Même déception une heure plus tard venant du tribunal administratif de Toulouse. Le recours suspensif concernant la dérogation à la loi sur les espèces protégées est rejeté sans aucune argumentation juridique. Comment croire encore à l'indépendance de la justice dans notre pays ? En ces temps si sombres, par chance, l'humour vient redonner des sourires, et même des rires, aux visages attristés. Grâce au très dynamique Yannis Youlountas[30], l'équipe de « Groland » (Canal+) profite de son festival à Toulouse pour venir soutenir les opposants, les 17 et 18 septembre. Bénédiction des tronçonneuses et des Flash-Ball, messe de soutien à Thierry Carcenac sont parmi les activités au programme… Mais les gendarmes ne sont pas réputés pour leur humour et « l'église de la très sainte consommation » est accueillie par des gaz lacrymogènes à proximité de la ZAD.

À la fin de cette troisième semaine de chantier, une trentaine d'hectares est défrichée, en avance sur le calendrier des travaux. Les opposants sont déterminés

30. Parmi ses nombreux talents, Yannis Youlountas est le réalisateur du film documentaire franco-grec *Ne vivons plus comme des esclaves !* Pour en savoir plus sur son projet à venir : http://jeluttedoncjesuis.net/

à poursuivre la lutte car la zone humide est certes ravagée mais, si elle était laissée en l'état, elle pourrait encore redevenir un espace naturel. Surtout, il reste un an de travaux avant que le barrage ne puisse fournir de l'eau à un modèle d'agriculture qu'ils rejettent. Sans doute pour permettre au candidat Thierry Carcenac de terminer sereinement sa campagne pour les élections sénatoriales, les travaux sont suspendus la semaine du 22 septembre. Les opposants soufflent un peu mais se préparent à une nouvelle étape difficile.

L'incroyable carte blanche laissée aux gendarmes

Après cette semaine de pause et au lendemain de l'élection à dix voix près de Thierry Carcenac comme sénateur, le chantier reprend le 29 septembre. La prochaine étape est de terrasser et de décaper la zone humide, ce qui la détruirait de manière irréversible. Les forces de l'ordre en contact avec les opposants sont désormais principalement les PSIG de Gaillac et d'Albi. Les humiliations et brutalités sont quotidiennes pendant plusieurs semaines. Elles sont détaillées dans l'article de Mediapart[31] analysant la vingtaine de plaintes déposées par des opposants au barrage pour violences des gendarmes à leur encontre. Pour s'assurer que les zadistes ne pourront pas rester pendant toute la durée du chantier (encore un an!), les forces de l'ordre n'hésitent pas à mener des actions illégales, comme celles qui consistent à brûler les affaires personnelles des opposants. « Ils brûlent tout, même la vaisselle, les casseroles, les poêles, les outils, des instruments de musique, des sacs de couchage, des matelas, des cartes

31. « Sivens : une vingtaine de plaintes déposées contre les gendarmes », Louise Fessard et Jade Lindgaard, Mediapart, 1er novembre 2014.

bancaires, des papiers d'identité. On est plein à être nomades, nos vies sont dans nos sacs à dos. Quand ils les brûlent, on n'a plus rien: plus de chaussettes, plus de papiers d'identité, plus d'habits», expliquent des zadistes aux enquêtrices de Mediapart. Des vidéos postées sur Internet confirment ces exactions.

Le 29 septembre, vers 6 heures, les gendarmes brisent les vitres des quelques voitures qui bloquent l'accès au chantier, blessant des opposants qui se trouvent à l'intérieur avant de leur balancer du gaz lacrymogène. Des femmes sont traînées par les cheveux, insultées, des affaires personnelles sont volées. Parmi les autres faits illégaux, citons les parcelles expulsées avant les décisions judiciaires. C'est le cas de celle qui accueille une caravane au campement Gazad. Le 7 octobre, quatre zadistes pacifiques refusent d'en sortir, arguant du fait que les gendarmes n'ont pas le droit de les expulser. Comme le montre une vidéo tournée de l'intérieur, un gendarme du PSIG lance une grenade dans la caravane. Une occupante, Elsa, croit qu'il s'agit d'une grenade de gaz lacrymogène. Elle s'en approche afin de la jeter dehors. Il s'agit en fait d'une «grenade de désencerclement, dépourvue de lacrymogène, qui projette 18 billes de caoutchouc à 15 mètres». La déflagration lui fait exploser tous les vaisseaux de la main, elle doit être opérée d'urgence à Albi, sa main sera placée dans un caisson hyperbare.

Le gendarme responsable, un sous-officier du PSIG d'Albi, est celui qui s'est le premier comporté avec une violence disproportionnée lors de l'expulsion illégale du 27 février 2014. Selon le rapport[32] de l'Inspection

32. *Rapport d'enquête administrative relative à la conduite des opérations de maintien de l'ordre dans le cadre du projet de barrage de Sivens (Tarn)*, IGGN, 2 décembre 2014. Dans ce rapport biaisé, l'IGGN a menti sur mon refus de contribuer à son enquête. Voir www.reporterre.net/Testet-et-Remi-Fraisse-les

générale de la gendarmerie nationale (IGGN), il «a commis une faute d'appréciation qui doit être sanctionnée au plan professionnel». En dépit de cet avis, ce gendarme intervient encore régulièrement sur la zone de Sivens début 2015! L'IGGN souligne d'ailleurs que le PSIG est une «unité non spécialisée en maintien de l'ordre». Dédiées en temps normal aux «interventions délicates en sécurité publique et en police judiciaire», ces unités sont globalement l'équivalent de la brigade anti-criminalité (BAC) pour la police. Leur absence de formation en maintien de l'ordre pourrait expliquer les actes inadmissibles que certains de ses membres ont menés contre des opposants, très majoritairement pacifiques, au barrage de Sivens.

La lutte prend une envergure nationale

Des comités de soutien contre l'aéroport de Notre-Dame-des-Landes encouragent également notre lutte. Ils nous disent être prêts à venir sur place lors d'une manifestation nationale. Fin septembre, la toute nouvelle coordination des opposants au barrage planifie un grand rassemblement sur le site le 25 octobre 2014. L'idée, partagée par tous, est de montrer qu'il ne s'agit pas uniquement d'une lutte locale mais d'un combat bien plus large contre un système qui engendre toujours plus de projets imposés, inutiles et dangereux. De multiples appels sont ensuite lancés, ajoutant des mots d'ordre plus spécifiques et générant une grande créativité, notamment graphique, pour la réalisation d'affiches. Pour la ZAD du Testet, dont c'est à cette date le premier anniversaire, le rassemblement doit être l'occasion d'enraciner la résistance à travers une semaine de mobilisation. Le Collectif Tant qu'il y aura des bouilles annonce le programme suivant : constructions, plantations, ateliers, débats, concerts, etc. La préparation mobilise des dizaines d'opposants. Ils se répartissent les différentes tâches dans des commissions qui se retrouvent chaque dimanche pour échanger les points de vue et décider des actions à entreprendre. Les zadistes espèrent être assez nombreux la semaine du 27 octobre pour empêcher la poursuite des travaux et le « décapage » de la zone humide. Cette action la détruirait en effet de manière irréversible. Pour sa part, le Collectif Testet attend avec impatience la publication du rapport d'experts commandé par la ministre le 8 septembre. Les experts que nous avons rencontrés le 1er octobre n'ont pas contesté nos analyses portant sur le faible nombre de bénéficiaires ou sur la surestimation des besoins d'eau faite par la CACG. Nous avons bon espoir que le rapport nous donne raison et entraîne l'abandon du projet.

À partir du 13 octobre, les trois grévistes de la faim s'adressent désormais à la ministre Ségolène Royal, car Thierry Carcenac, en cohérence avec la répression qui s'exprime sur le site et qu'il soutient de fait, montre une parfaite indifférence à leur souffrance, après plus de six semaines de jeûne. Les députés écologistes Cécile Duflot et Noël Mamère viennent à Sivens le 20 octobre apporter leur soutien aux opposants. Dans un communiqué, comme lors d'une rencontre avec le préfet, ils dénoncent une situation qui « a atteint des limites inimaginables : l'évacuation brutale par les forces de l'ordre des opposants au barrage de Sivens, la grève de la faim de plusieurs militants depuis début septembre, un déboisement réalisé dans la violence, alors que trois recours sur le fond sont toujours en attente au tribunal administratif de Toulouse… Cette situation ne peut perdurer». Lors de cette rencontre avec le préfet, à laquelle je participe, ils s'appuient sur des situations comme celle de la grenade jetée dans une caravane pour lui demander fermement de faire cesser ces violences d'État «inacceptables dans notre pays». Le haut fonctionnaire affiche une volonté d'apaisement dans la perspective du rassemblement du 25 octobre.

L'État fait semblant de favoriser l'apaisement

Une réunion est en effet prévue le lendemain matin à la préfecture. Elle fait suite au courrier du Collectif Testet et des partis politiques partenaires (EELV, PG et NPA) demandant au représentant de l'État une organisation concertée pour faciliter «la circulation et le stationnement sur les routes impactées par la présence de plusieurs milliers de personnes». La manifestation, soutenue par le Collectif Testet et plusieurs partis politiques, est déclarée officiellement en mairie de Lisle-sur-Tarn par trois zadistes, qui font ainsi preuve de sens des responsabilités. La maire, Maryline Lherm, et une adjointe, Pascale Puibasset, sont très favorables au barrage et donc connues pour être antizadistes. Elles préféreraient évidemment interdire la manifestation, mais l'État a compris que plusieurs milliers de personnes viendraient quoi qu'il arrive et qu'il vaut donc mieux tolérer l'événement et encadrer son déroulement. Lors de cette réunion, nous demandons qu'aucun engin de chantier ne soit présent le week-end afin qu'il ne soit pas transformé en cible d'éventuelles dégradations. Le directeur de cabinet de la préfecture, Yves Mathis, accepte notre requête et affirme également qu'il n'y aura pas de forces de l'ordre sur le site afin d'éviter les provocations. Nous précisons la localisation exacte de la manifestation (à l'opposé du chantier, de Barat au campement Gazad) et les horaires (samedi de 10 heures à 19 heures) et déclinons toute responsabilité pour ce qui se passerait en dehors de ce cadre. Sont ensuite discutées les questions de stationnement, circulation, poste de secours, normes sanitaires, assurance... Le Collectif Testet se déclare officiellement coorganisateur le lendemain, afin de pouvoir fournir une assurance en responsabilité civile et de partager la responsabilité de l'événement avec les trois zadistes déclarants. Nous rendons compte du contenu de la réunion au collectif Tant qu'il y aura des bouilles et aux différents bénévoles qui sont chargés de la préparation de la manifestation. Une forte mobilisation, venant de nombreuses régions, est attendue. La venue de personnalités nationales comme José Bové et Jean-Luc Mélenchon annonce une couverture médiatique importante.

Tout se déroule ensuite comme prévu jusqu'au milieu de la nuit du 24 au 25. Vers 3 h 30, alors que je suis en train d'envoyer les derniers messages formels (plan des stationnements, etc.) à la mairie et à la préfecture, Yves Mathis me téléphone. Il souhaite m'informer que, depuis 1 heure du matin, les forces de l'ordre sont sur le site, car une trentaine de personnes ont lancé des cocktails Molotov sur la cabane de chantier des vigiles (ce qu'ils appellent « la base de vie », c'est-à-dire le parking du chantier). Les engins, eux, ont bien été enlevés. La cabane de chantier a été incendiée, ainsi que le groupe électrogène, resté lui aussi étonnamment sur place. À l'heure où il me parle, il affirme qu'une « centaine de hooligans affronte les forces de l'ordre ». Il m'annonce que l'engagement de la préfecture de ne pas positionner des gendarmes sur le site est donc remis en cause et qu'il est même possible que certaines routes soient finalement fermées. Je réponds que la situation ne justifie pas de remettre en cause le plan de circulation prévu d'un commun accord dans le cadre de notre manifestation, laquelle commence quelques heures plus tard. Je raccroche, m'interroge sur la sincérité réelle de l'État quant à sa volonté de prévenir toute tension puis vais me coucher pour une nouvelle nuit très courte...

250 gendarmes et CRS pour protéger un grillage

Durant la matinée, tous les bénévoles sont occupés à gérer les arrivées sur le site. En ce qui me concerne, avec le précieux appui de mon ami Batien, je gère des questions de signalisation liées à la circulation, puis nous récupérons une sono. Quand nous arrivons sur le lieu de la manifestation, vers 13 heures, une foule immense est déjà là. Certains sont en train de piqueniquer, d'autres écoutent les interventions, d'autres encore s'informent au hasard des stands... Si l'on excepte quelques jeunes imbéciles désireux de chahuter Jean-Luc Mélenchon et José Bové – et qui occupent bien le service d'ordre –, le rassemblement est festif, comme prévu. Pendant que certains se font expliquer la transhumance par des éleveurs de brebis refusant le puçage électronique, d'autres hissent une plate-forme d'observation du chantier. Sous un chapiteau, on débat de la ferme des mille vaches, sous un autre de la société productiviste, sous un troisième du nucléaire, etc. Balades axées sur la faune et la flore, théâtre, chorale, initiation au « clown action », communication bienveillante figurent parmi les nombreuses activités auxquelles il est possible de s'adonner ce samedi après-midi. La curiosité est en éveil, la demande d'informations importante, les explications délivrées avec le sérieux lié à la compétence, ce qui n'empêche ni l'humour ni la confrontation de points de vue antagonistes, le cas échéant. Pour ma part, j'anime un temps d'échange avec les représentants de partis politiques qui soutiennent notre lutte : EELV, PG, NPA, PCF, Nouvelle Donne…

Du côté du chantier, bien qu'il n'y ait rien à protéger hormis un grillage entourant un parking, des forces de l'ordre ont été maintenues sur la « base de vie ». Elles ont un accès direct à la nationale Gaillac-Montauban, il leur est donc possible de se retirer ou, au contraire, de faire venir des renforts. Tout est calme sur ce lieu, situé à environ 1,5 km de notre manifestation. Mais, selon les informations diffusées par la gendarmerie et postérieures au 25 octobre, vers 16 h 30, « environ 150 manifestants radicaux […] commencent à jeter des pierres et des bouteilles incendiaires sur les fonctionnaires de la CRS 20 qui tiennent la base de vie ». Des vidéos diffusées sur Internet montrent des manifestants non-violents en train d'observer, à distance généralement, ces affrontements. Avant que le calme ne revienne, vers 19 heures, les forces de l'ordre ont usé de grenades lacrymogènes, de mixtes lacrymogènes/explosives, de grenades offensives et de tirs de Flash-Ball (selon le rapport de l'IGGN). En début de soirée, notre manifestation est terminée, la plupart des stands ferment et beaucoup de personnes repartent vers leur bus ou les navettes. D'autres décident de rester pour écouter les concerts prévus par d'autres organisateurs. Un escadron de gendarmerie mobile est maintenu au niveau de la base de vie. Celle-ci est ceinturée d'un grillage de 1,80 m de haut, puis de douves profondes de plusieurs mètres et remplies d'eau.

Selon les gendarmes, 50 à 70 manifestants recommencent à envoyer des projectiles sur les forces de l'ordre vers 0 h 30. Dix-neuf minutes plus tard, les gendarmes tirent les premières grenades lacrymogènes. Puis, progressivement, utilisent les Flash-Ball et les grenades offensives (61 cette nuit-là, selon l'IGGN). Vers 1 h 40, une grenade offensive est tirée par-dessus le grillage vers un groupe de quatre à cinq jeunes « qui jettent des pierres et des mottes de terre[33] ». L'un d'eux s'effondre. Des manifestants affirmeront avoir voulu aller lui porter assistance mais avoir été mis en joue par les gendarmes. Ce sont ces derniers qui, environ dix minutes plus tard, tirent le corps inerte vers l'intérieur de la base de vie. Les autres manifestants imaginent que ce jeune homme est seulement inconscient et qu'il sera ensuite emmené en garde à vue. Vers 4 heures, les forces de l'ordre se retirent. À 9 h 25, Yves Mathis, directeur de cabinet du préfet, de permanence durant ce week-end, diffuse un communiqué laconique à l'AFP : « Cette nuit, vers 2 heures du matin, le corps d'un homme a été découvert par les gendarmes sur le site de Sivens. Les sapeurs-pompiers sont intervenus rapidement mais n'ont pu que constater le décès de la victime. Une enquête a été ouverte sous l'autorité du procureur d'Albi afin de déterminer les causes du décès et l'identité de la victime. »

Trente-sept ans après la mort de Vital Michalon lors d'une manifestation contre le projet de centrale nucléaire de Superphénix, c'est de nouveau une grenade offensive qui tue. Elle tue cette fois Rémi Fraisse, un jeune botaniste de 21 ans, bénévole de Nature Midi-Pyrénées.

33. Matthieu Suc et Olivier Faye, « Il est décédé, le mec… Là, c'est grave… », *Le Monde*, 12 novembre 2014.

ÉPILOGUE

La mort de Rémi Fraisse, victime d'une grenade offensive lancée par un gendarme le 26 octobre 2014, suivie de la publication d'un rapport d'expertise désavouant le projet de barrage de Sivens, a déclenché une tempête médiatique. Jour après jour, les révélations des journalistes sur la médiocrité du projet et la répression violente, puis la mauvaise gestion politique du drame, ont transformé ce conflit local en affaire d'État. Faute de temps et de recul nécessaire, ce livre ne peut restituer en détail les nombreuses questions qui restent en suspens ni les conséquences, à différents niveaux du territoire, que «l'affaire de Sivens» a déclenchées. Nous pouvons cependant en esquisser les grandes lignes.

Des questions qu'il aurait fallu anticiper

L'une des premières questions que m'ont posées les journalistes était de savoir si la mort de Rémi Fraisse constituait une bavure, contrairement aux propos du ministre de l'Intérieur, Bernard Cazeneuve. J'ai répondu que j'étais d'accord avec le ministre, mais pas pour les mêmes raisons. S'il n'est probablement pas volontaire, cet homicide par des forces militaires était prévisible, étant donné l'extrême répression menée depuis début septembre sur le site du chantier. Chaque jour où les forces de l'ordre étaient présentes, nous avons craint la mort d'un manifestant. À de nombreuses occasions, des défenseurs de la zone humide ont senti la mort les frôler. À quelques centimètres près, des tirs de Flash-Ball auraient pu les atteindre au cœur ou à la tête. À plusieurs reprises, des manœuvres dangereuses auraient pu faire tomber des grimpeurs protégeant les arbres, y compris sur les broyeuses forestières. Hors du site, dans l'indifférence des gendarmes présents sur les lieux, les agressions de zadistes par des milices armées de barres de fer et de fusils auraient pu tourner au drame.

Comment ne pas prendre le risque de tuer un manifestant quand on jette une grenade offensive dans sa direction ? Le risque mortel est certes statistiquement faible, mais quel est-il quand 61 grenades explosives sont lancées en peu de temps ? Est-ce acceptable que des armes à feu militaires soient utilisées contre des jeunes « qui jettent des pierres et des mottes de terre[34] » sur des gendarmes portant casques, boucliers, coques sur le torse et les jambes ? Alors qu'ils s'étaient retranchés derrière un grillage de 1,8 m que les manifestants ne pouvaient pas atteindre, puisqu'il était entouré de douves remplies d'eau, que risquaient vraiment les membres des forces de l'ordre, au point d'être prêts à mutiler ou à tuer ?

Non, cet homicide n'est pas la conséquence du dérapage d'un gendarme lançant isolément une grenade offensive sur un groupe de jeunes. Il est l'œuvre d'une politique de répression menée par de hauts responsables de l'État. L'usage de grenades explosives devient systématique contre les opposants aux projets inutiles et imposés tels que la ligne à très haute tension (THT) en Basse-Normandie, l'aéroport de Notre-Dame-des-Landes et le barrage de Sivens[35]. Ce

34. « Il est décédé, le mec… Là, c'est grave… », *op. cit.*

35. Voir inventaire dans Marc Baudet, Gilles Miramon, « Rapport relatif à l'emploi des munitions en opérations de maintien de l'ordre », IGGN/IGPN, 13 novembre 2014.

qui est arrivé à ce jeune naturaliste aurait pu arriver à n'importe quel manifestant s'opposant à la politique anti-écologique des gouvernements récents, car ces militants sont désormais traités comme des ennemis intérieurs.

Espérons que l'enquête judiciaire en cours, l'enquête parlementaire[36] décidée à l'initiative des députés écologistes, ainsi que celle menée par la Ligue des droits de l'homme permettront d'identifier les responsabilités politiques dans la répression inacceptable exercée à l'encontre de manifestants sur notre territoire. Pourquoi avoir maintenu plus d'une centaine de membres des forces de l'ordre sur place, alors qu'il n'y avait rien à protéger, en dehors de ce grillage entourant un parking ? Pourquoi avoir pris le risque d'affrontements en pleine nuit, donc de victimes potentielles de part et d'autre, alors que le préfet aurait donné la consigne « de ne pas mettre en jeu la sécurité des gendarmes » et que son directeur de cabinet m'indiquait, dans un message téléphonique le 25 octobre en fin d'après-midi, « qu'il ne prendrait pas de risques » ?

Un argument avancé était qu'il fallait reprendre le chantier le lundi matin. Cet argument n'est pas recevable, car rien n'empêchait que les forces de l'ordre quittent le site le samedi midi avant le grand rassemblement et reviennent le lundi matin, comme cela avait été fait les week-ends précédents. Ne pouvant bénéficier des 48 heures d'occupation qui entraînent une procédure d'expulsion au tribunal, les occupants éventuels pouvaient être délogés par les gendarmes durant la matinée, comme ceux-ci ont été capables de

36. Commission d'enquête sur les missions et modalités du maintien de l'ordre républicain dans un contexte de respect des libertés publiques et du droit de manifestation.

le faire en septembre et octobre. Il était alors moins risqué d'envisager des affrontements en plein jour que de nuit. L'autre prétexte est qu'il existait un « risque d'une contre-manifestation des agriculteurs[37] ». Ce risque était réel, nous en avions convenu avec la préfecture, mais il impliquait que les forces de l'ordre soient présentes à l'extérieur de la ZAD, comme elles l'ont été depuis lors des manifestations des FDSEA/JA. Protège-t-on des manifestants de la menace d'agriculteurs violents en leur jetant des grenades offensives en pleine nuit ?

Plus globalement, comment expliquer que MM. Cazeneuve et Valls aient autorisé l'usage d'armes à feu militaires pour la poursuite d'un chantier dont ils savaient, pour Manuel Valls au moins, qu'il était officiellement remis en cause ? Depuis fin juillet, le gouvernement avait en effet connaissance d'une future procédure d'infraction européenne sur ce projet, et donc de la perte du financement Feader. Au moment où ils envoient 250 gendarmes et CRS appuyés par un hélicoptère, le Premier ministre et la préfecture du Tarn savent pertinemment que le rapport des experts va obliger ses promoteurs à suspendre le projet afin de le rendre compatible avec le droit en vigueur.

En fomentant des tensions largement évitables, les responsables politiques favorables au projet espéraient sans doute détourner l'attention des médias et de l'opinion publique. Répandre une image violente des opposants, comme cela avait été fait à Nantes le 22 février 2014, a pour but évident de dénigrer une lutte légitime et de lui couper tout soutien populaire. À force de jouer avec le feu, Manuel Valls a obtenu l'effet inverse.

---

37. Audition de Bernard Cazeneuve, ministre de l'Intérieur, par la Commission d'enquête parlementaire le 3 février 2015.

La restitution publique du premier rapport d'expertise, le 27 octobre, n'intéressait que les initiés, le drame de la veille lui a donné une couverture médiatique nationale et a fait évoluer ses conséquences. « Des besoins réels mais évalués de manière contestable, pas d'analyse des solutions alternatives possibles, une étude d'impact de qualité très moyenne, un financement fragile » : les défauts du projet ont été mis en lumière. La poursuite du chantier malgré tout, recommandée dans le rapport « compte tenu de l'état d'avancement du projet », n'était plus possible. C'était une scandaleuse prime au passage en force : oui, le projet est mauvais, mais il est trop avancé pour que nous ne le poursuivions pas On comprend mieux pourquoi le défrichement n'a pas été suspendu durant l'expertise et pourquoi le chantier a été mené au pas de course sous protection militaire. Des drames humains et écologiques auraient bien été évités si, en bonne logique, cela avait été le cas. Les responsables paieront-ils un jour ?

Rien n'est joué

Le dialogue initié par la ministre chargée de l'Écologie à compter du 4 novembre 2014 a été le théâtre de nombreux rebondissements autour de la participation des zadistes, de l'attitude des chambres d'agricultures du Tarn et du Tarn-et-Garonne, dirigées par les FDSEA, des discours ambigus des représentants des conseils généraux de ces mêmes départements, et des méthodes rocambolesques employées par le ministère. Toujours est-il que ce processus louable et que nous appelions de nos vœux n'a pas été soutenu de manière sincère par tous les acteurs invités et qu'un compromis n'a malheureusement pas été possible. Lors de la publication du 2e rapport d'expertise, le 16 janvier 2015, Ségolène Royal a annoncé qu'elle validait deux scénarios (un barrage de 750 000 m^3 à Sivens ou de seulement 300 000 m^3 si complétés par deux autres ouvrages à l'aval) et que « la réalisation du projet initial n'est de ce fait plus d'actualité ». Cette décision ne satisfait ni les opposants, qui prônent un autre scénario optimisant les réserves existantes, ni les FDSEA/JA, qui s'obstinent à réclamer le projet initial malgré tous ses défauts. Alors que le conseil général du Tarn débat de l'avenir du projet le 6 mars, le Collectif Testet, FNE Midi-Pyrénées et la Confédération paysanne lui ont fait part de leurs propositions détaillées et l'ont mis en garde contre un deuxième passage en force[38].

À l'heure où je termine la rédaction de ce livre, la situation est très tendue sur place. Les FDSEA/JA 81 et 82 ont manifesté le 19 janvier (blocage d'autoroute, opération escargot sur la N 999, tentative de rentrer dans la ZAD, agression de journalistes, etc.), réclamant l'expulsion des zadistes et la poursuite du projet initial. Le 1er février, des pro-barrage ont empêché l'accès à la ZAD, dans laquelle se déroulaient des animations naturalistes. Ils se vantent d'avoir ainsi mis « une gifle à la journée mondiale des zones humides ».

Plus grave, quelques miliciens ont agressé des opposants et endommagé des véhicules (quatre pneus crevés pour l'un, pare-brise et vitre latérale explosés pour l'autre). Sur le parking de la gendarmerie, deux journalistes ont été malmenés par ces gros bras armés d'une

38. Voir communiqué détaillé sur les réactions au rapport d'experts : « Abandon du projet initial de barrage de Sivens : mise en garde contre un deuxième passage en force », www.collectif-testet.org.

barre de fer qui ont jeté à terre et brisé leur appareil photo. Comme en septembre 2014, les gendarmes présents ont laissé repartir les agresseurs sans même un contrôle d'identité Le préfet Thierry Gentilhomme a pris l'initiative d'un dialogue bienvenu avec les zadistes à propos de l'évolution de l'occupation, notamment de l'accès à la zone par les agriculteurs et les entreprises intervenant pour remettre l'électricité et réhabiliter la zone humide. Nos plaintes ciblant la CACG pour défrichement illégal et destruction illégale de zones humides sont en cours d'instruction. Les trois recours au fond contre les arrêtés préfectoraux doivent encore être jugés. L'affaire de Sivens semble loin d'être terminée !

Sivens, révélateur de contradictions

La mort de Rémi Fraisse a déclenché des manifestations contre les violences policières, qui ont parfois, à Toulouse et à Nantes en particulier, conduit à des dégradations (majoritairement des vitrines de banques). Pour le Collectif Testet, la colère contre cette répression d'État inacceptable est légitime, mais, condamnant fermement tous les actes de violence, physique et matérielle, il a préféré ne pas s'associer à ces manifestations. Toutefois, des investigations sont nécessaires sur les dispositifs mis en place par l'État, car cela ressemble parfois à des souricières qui font dégénérer les manifestations[39] afin d'en donner une image négative. À Nantes, à propos de celle du 22 février 2014, un syndicat de policiers s'interroge[40] :

39. « Sivens : peines de prison après la manifestation interdite de Toulouse », Le Monde.fr/AFP, 10 novembre 2014.

40. Tract « Maintien de l'ordre à Nantes. Des casseurs sèment le désordre », Alliance, Police nationale, 23 février 2014.

«Le saccage de la ville aurait-il pu être évité? Pour Alliance Police nationale, c'est une évidence vu l'étonnante passivité des ordres reçus, figeant le dispositif policier.» Plus globalement, nous avons réclamé l'interdiction de toutes les armes susceptibles de blesser ou de tuer lors des mobilisations citoyennes. Le ministre Bernard Cazeneuve ayant depuis interdit les grenades, nous militons désormais pour que cette interdiction s'étende aux Flash-Ball[41], qui continuent de mutiler chaque année.

Lors de la conférence environnementale de novembre 2014, le président de la République a déclaré : « Sivens exige d'accomplir des progrès supplémentaires de la participation des citoyens dans la délibération de la décision publique. » Il a annoncé un chantier sur la démocratie participative, que Ségolène Royal a lancé début janvier avec les acteurs nationaux. Mais les associations locales et nationales qui sont confrontées à de grands projets inutiles et imposés (GPII) ne croient pas à la sincérité de la démarche. Pour preuve, juste après le discours de François Hollande, le chantier controversé de Center Parcs, à Roybon, était poursuivi sous protection des gendarmes, alors même que la commission d'enquête publique avait été unanimement défavorable au projet. Depuis, une décision de justice l'a suspendu.

Autre contradiction, l'article 28 du projet de loi pour l'activité et la croissance (dite « loi Macron »), qui vient d'être adopté. Il permet au gouvernement de contourner le Parlement pour légiférer en faveur des « projets de construction et d'aménagement » et faire évoluer les modalités de participation, de concertation,

41. Voir mon audition du 29 janvier 2015 par la Commission d'enquête parlementaire (vidéo accessible sur le site Web de l'Assemblée nationale).

de consultation et d'information du public autour de ces projets. On progresse donc. Avant, la démocratie environnementale était bafouée au niveau local, elle le sera désormais aussi au niveau national ! Réunis à Bagnolet fin janvier, les différents collectifs et ONG qui luttent contre des projets inutiles et imposés ont décidé de faire entendre leurs propositions à travers des mobilisations en avril 2015.

La lutte contre le barrage de Sivens ébranle la gestion quantitative de l'eau dans le Sud-Ouest. La dizaine de projets de barrages essentiellement destinés à l'irrigation semble actuellement suspendue à l'avenir de celui de Sivens. En 2015, une mission d'expertise interministérielle doit évaluer l'accord passé en 2010 entre l'État et les chambres d'agriculture d'Aquitaine et de Midi-Pyrénées à propos de l'adaptation de la réforme des volumes prélevables sur le bassin Adour-Garonne. Cette dérogation à la loi nationale et européenne est un cadeau du président Sarkozy aux puissants irrigants de la FNSEA.

Fin décembre 2014, une commission spéciale sur l'Eau au conseil régional Midi-Pyrénées a été obtenue par le groupe écologiste avec l'appui des associations environnementalistes et d'usagers. Recueillant notamment les avis de la société civile, cette commission va préparer l'avis de la région sur le SDAGE (Schéma directeur d'aménagement et de gestion des eaux) du bassin Adour-Garonne. Le prochain SDAGE couvrira la période 2016-2021, et sa révision est actuellement basée sur une étude prospective intitulée « Garonne 2050 ». Pour réaliser cette recherche, l'Agence de l'eau a fait appel à plusieurs bureaux d'études. Celui chargé d'analyser les besoins agricoles en eau en 2050 est la CACG ! Faut-il donc s'étonner que le scénario favorisé dans la synthèse finale prévoie la création de barrages d'un volume global de 195 Mm3 d'eau (soit 130 fois Sivens !), et ce, pour un coût d'investissement « modique », financé par la dépense publique, d'un milliard d'euros ? Mais, après Sivens, y aura-t-il encore des membres du Comité de bassin Adour-Garonne pour défendre les études de la CACG ?

Les caisses sont vides, la coupe est pleine

Parallèlement à la vive polémique sur la ferme des mille vaches, la lutte de Sivens contribue à mettre en débat la politique agricole française. Quels sont les projets que l'État doit autoriser ou refuser pour empêcher l'industrialisation de l'agriculture et tous ses méfaits ? Où investir l'argent public pour que l'agriculture française de 2050[42] soit paysanne et biologique ? Après Notre-Dame-des-Landes, la médiatisation de l'opposition au barrage de Sivens a permis de mettre en lumière les nombreux projets d'aménagements qui sont contestés sur le territoire. FNE a publié une carte présentant une centaine de ces projets nuisibles. Celle-ci a été bien relayée par les médias, avec des reportages au niveau régional. Des ZAD fleurissent un peu partout, ici contre un projet d'hyper-incinérateur près de Rochefort, là contre une zone d'aménagement concerté (ZAC) dans le cadre de la future ligne à grande vitesse (LGV) près d'Agen, ailleurs pour sauver des arbres centenaires dans un parc, à Marseille.

---

42. Pour contribuer à la réflexion, citons l'excellent travail de l'association Solagro à travers son programme « Afterres 2050 », scénario soutenable pour l'agriculture et pour l'utilisation des terres en France à l'horizon 2050. À télécharger gratuitement sur www.solagro.org/site/393.html

Le modèle d'aménagement du territoire de l'après-guerre est désormais obsolète. Comme le dénonce la Cour des comptes, les nouveaux grands chantiers ne seront pas rentables. Trop de terres agricoles et d'espaces naturels ont été sacrifiés pour les grands travaux. Est-ce vraiment l'intérêt général qui prévaut ? Les caisses publiques sont vides et la coupe est pleine, nous sommes de plus en plus nombreux à être conscients des enjeux et à dire stop à ces projets inutiles et imposés. Partout des alternatives sont proposées : optimiser les aménagements existants (routes, réseau ferroviaire, aéroports, zones d'activités, réserves en eau, etc.), favoriser la réduction de la consommation et des pollutions, développer le recyclage, relocaliser l'économie… Les milliards que le gouvernement veut dépenser dans des grands travaux qui ne profitent réellement qu'aux entreprises du BTP doivent être investis dans la transition énergétique et la lutte contre le changement climatique.

La société française doit enfin entrer dans le XXIe siècle. Faut-il voir dans les circonstances de la mort de Rémi Fraisse le symbole d'un changement d'époque ? Cent ans après l'assassinat de Jean Jaurès, fondateur du Parti socialiste, c'est le pouvoir socialiste qui a tué un jeune militant écologiste. Sur les terres jaurésiennes, Thierry Carcenac a refusé le dialogue avec les citoyens, Manuel Valls a envoyé la troupe !

Oui, une page d'histoire vient sans doute d'être tournée, il ne tient qu'à nous d'écrire la prochaine.

Achevé d'imprimer en février 2015 par Espace Grafic
Pol. Ind. Mutilva Baja C/G n° 11 – 31192 Mutilva Baja – Espagne
Dépôt légal : mars 2015